FERDINAND KIRCHHOF

Die Einrichtung von Bürgerämtern
in Gemeinden und Kreisen

Tübinger Schriften
zum Staats- und Verwaltungsrecht

Herausgegeben von
Wolfgang Graf Vitzthum
in Gemeinschaft mit
Martin Heckel, Karl-Hermann Kästner
Ferdinand Kirchhof, Hans von Mangoldt
Thomas Oppermann, Günter Püttner
Michael Ronellenfitsch
sämtlich in Tübingen

Band 44

Die Einrichtung von Bürgerämtern in Gemeinden und Kreisen

Rechtsfragen einer neuen Binnenstruktur
kommunaler Verwaltung

Von

Prof. Dr. Ferdinand Kirchhof

Duncker & Humblot · Berlin

Die Deutsche Bibliothek – CIP-Einheitsaufnahme

Kirchhof, Ferdinand:
Die Einrichtung von Bürgerämtern in Gemeinden und Kreisen :
Rechtsfragen einer neuen Binnenstruktur kommunaler Verwaltung /
von Ferdinand Kirchhof. – Berlin : Duncker und Humblot, 1998
  (Tübinger Schriften zum Staats- und Verwaltungsrecht ; Bd. 44)
  ISBN 3-428-09582-0

Alle Rechte vorbehalten
© 1998 Duncker & Humblot GmbH, Berlin
Fremddatenübernahme und Druck:
Berliner Buchdruckerei Union GmbH, Berlin
Printed in Germany

ISSN 0935-6061
ISBN 3-428-09582-0

Inhaltsverzeichnis

I. Idee und Praxis kommunaler Bürgerämter 9
   1. Ziele und Aufgaben 9
   2. Vorbilder für Bürgerämter 10
   3. Konzentration der Aufgaben auf ein zentrales Bürgeramt oder Dekonzentration in der Fläche auf parallele Bürgerämter 10
   4. Zuständigkeit für hoheitliche Kommunalaufgaben und Zusatzleistungen im Wettbewerb zu Privaten 11

II. Befugnis zur Umstrukturierung 12
   1. Die allgemeine Organisationsgewalt der Exekutive und die besondere Organisationshoheit der Kommunen 12
   2. Gesetzliche Regelung der äußeren und eigenverantwortliche Bestimmung der inneren Kommunalverfassung 13
   3. Organisationshoheit ohne institutionellen Gesetzesvorbehalt 13
   4. Eigene Organisationsgewalt der Kommunen sowohl in Selbstverwaltungs- als auch in staatlichen Angelegenheiten 14

III. Allgemeine Organkompetenzen zur Bildung von Bürgerämtern 16
   1. Grundsatzentscheidungen der Kommunalordnungen 16
   2. Die einzelnen Regelungen der Bundesländer für die Organkompetenz in den Gemeinden 16
   3. Zwei Kompetenzmodelle kommunaler Binnenorganisation 20
      a) Grundsätzliche Zuständigkeit der Gemeindevertretung 21
      b) Kompetenz des Gemeindevorstehers bei partiellem Zugriffsrecht der Gemeindevertretung 21
   4. Die Organkompetenzen in den Kreisen 22

IV. Besondere Vorschriften über Bürgerämter 23
   1. Bezirks-, Orts- und Außenstellen als Bürgeramt 23
   2. Verschiedenheit der Kompetenzregelungen 23
   3. Einzelne Vorschriften in den Bundesländern 24
   4. Folgerungen für Länder ohne ausdrückliche Vorschriften über kommunale Verwaltungsuntergliederungen? 25

V. Rechtliche Determinanten bei der Ausübung kommunaler Organisationshoheit .. 27

VI. Sachliche Rechtfertigung der Umorganisation 29
  1. Eignung der Aufgaben zur Erfüllung vor Ort 29
     a) Mündliche Verfahren und einfache Verwaltungsprodukte ohne Drittbeteiligung oder aufwendige Ermittlungen 29
     b) Einfache Rechtslage 30
     c) Qualität und Schnelligkeit 30
     d) Bedarf des Bürgers an Aufgabenkonzentration 31
  2. Änderungen in der Verwaltungssteuerung 31
  3. Erhöhung des Abstimmungsbedarfs, Aufspaltung der Aufgabengebiete 32
     a) Erhöhter Bedarf an Binnenkoordination 32
     b) Problem der Doppelkompetenzen 32
     c) Nachteile von Doppelkompetenzen für den Bürger 33
  4. Legitimation durch „Bürger-Nähe"? 33
     a) Konturenlosigkeit des Schlagworts 33
     b) Nähe zum rechtsunkundigen Einwohner 34
     c) Neue Probleme für das örtliche Gewerbe 34
     d) Sachnähe in persönlicher Beratung statt räumlicher Nähe 35
     e) Leichte Erreichbarkeit statt kurzer Entfernung 36
     f) Leichtere Erreichbarkeit durch andere Maßnahmen 37
  5. Partieller Rückzug aus der Kommunalreform durch Veränderung der Binnenorganisation 37

VII. Die Gewährleistung der Rechtmäßigkeit der Aufgabenerfüllung 41
  1. Anforderungen der Rechtsordnung 41
     a) Die Normkomplexe des Daten- und Geheimnisschutzes 41
        aa) Schutz der Amts-, Betriebs-, Geschäfts- und Persönlichkeitsgeheimnisse 41
        bb) Recht zum Schutz personenbezogener Daten 42
     b) Die sachlichen Anwendungsbereiche der Normenkomplexe 42
        aa) Allgemeines Datenschutzrecht bei Personenbezug 42
        bb) Einheitliche Regelungen für Daten- und Geheimnisschutz im Steuer- und Sozialrecht 43
     c) Recht auf informationelle Selbstbestimmung 43
  2. Datenzugriff und -weitergabe zwischen Arbeitsplätzen, Bürger- und Fachämtern: Probleme infolge der EDV-Vernetzung der Kommune 44
     a) Die Einrichtung von Verfahren zum automatisierten Abruf 44
     b) Geheimhaltungspflicht nach § 30 VwVfG 45
     c) Automatisierter Datenzugriff nach § 10 DatenschutzG 46
        aa) Bereithalten personenbezogener Daten zum Abruf 46
        bb) Datenverkehr mit Dritten? 46
        cc) Organisationsrechtlicher Begriff 47

Inhaltsverzeichnis 7

      dd) Funktionaler oder aufgabenbestimmter Begriff 48
      ee) Konsequenzen des funktionalen Begriffs 49
      ff) Zulassungsvoraussetzungen für einen automatisierten Datenabruf 49
      gg) Rechtsfolgen der Einrichtung automatisierter Abrufverfahren 50
  d) Konkreter Datenverkehr und DatenschutzG 50
3. Aufgaben- und Wissenskonzentration auf den Generalisten im Bürgeramt: Probleme in der Person des umfassend zuständigen Amtswalters 51
  a) „Gläserner Bürger" infolge der Zusammenführung kommunaler und staatlicher Aufgaben bei einem Mitarbeiter im Bürgeramt 51
  b) Folgen des Verlustes der Behördenanonymität 52
  c) Amtsgeheimnis und Wissenskonzentration in einer Person 53
      aa) Keine Weitergabe an private Personen oder an andere Behörden 53
      bb) Keine Weitergabe an dritte Personen innerhalb der Behörde 53
      cc) Problem umfassender Information des Sachbearbeiters ohne Beteiligung Dritter 54
      dd) Ausschluß gebotener Einzelfallabwägung durch organisationsrechtliche Aufgabenkonzentration 55
  d) Materielle Rechtswidrigkeit von Verwaltungsentscheidungen aufgrund von Informationen außerhalb des Verwaltungsverfahrens 55
  e) Datenverwertungsverbot und personenbezogene Daten für die Verwaltungsentscheidung 57
4. Befangenheit durch Wissenskonzentration? 58
5. Bürgeramt als Großraumbüro 59

VIII. Die Grundsätze der Wirtschaftlichkeit und Sparsamkeit 60
1. Grundsatz der Wirtschaftlichkeit und Organisationsrecht 60
2. Vermutliche Faktoren der Wirtschaftlichkeitsprüfung 61
3. Meinungsumschwung ohne Sachverhaltsänderung 61
4. Einfluß des Steuerrechts 62

IX. Die Rechtmäßigkeit des Verfahrens der Umorganisation 63
1. Beschluß und Durchführung der Umorganisation 63
2. Mitwirkungsrechte der Mitarbeiter nach Dienst- und Arbeitsrecht 63
3. Problemkreise des Personalvertretungsrechts 64
4. Konsequenz neuer Personalvertretungen? 64
5. Beteiligung des Personalrats 65
6. Vertrauensschutz auf Beibehaltung der Fachbehördenstruktur? 67

X. Wirtschaftliche Zusatzleistungen kommunaler Bürgerämter im Wettbewerb mit privaten Konkurrenten 69
1. Grundsätzliche Zulassung wirtschaftlicher Zusatzleistungen durch einen öffentlichen Zweck 69
2. Notwendigkeit einer Kompetenz-, nicht einer Befugnisnorm 71

3. Randnutzung, Verwertung eigenen Vermögens 71
4. Vorschriften der Kommunalordnungen 72
   a) Wirtschaftliche Betätigung der Gemeinden 72
   b) Öffentlicher Zweck der wirtschaftlichen Betätigung 73
   c) Leistungsfähigkeit der Kommune 73
   d) Subsidiaritätsklausel 73
   e) Privatisierungsklausel 74
5. Kartell- und Wettbewerbsrecht 74
6. Zusätzliche Rechtsfragen bei einer Dekonzentration in der Fläche 75
7. Neue Fragen im Kartellrecht 76
   a) Desorganisation des Marktes durch Dekonzentration der Bürgerämter 76
   b) Wettbewerbsverstoß durch Zusatzleistungen 77
   c) Wettbewerbsrecht contra Verkehrspolitik 78
8. Neue Fragen im Wettbewerbsrecht 78
9. Belastung des Mittelstands trotz rechtlicher Förderungspflicht 79
   a) Pflichten nach den Mittelstandsförderungsgesetzen 79
   b) Desorganisation eines an sich mittelständsfähigen Angebots 80
   c) Durchsetzungsdefizite der Mittelstandsförderungsgesetze 80

XI. Die Besteuerung der Bürgerämter 82
   1. Körperschaftsteuer 82
      a) Steuer auf Staatsleistungen zum Konkurrenzschutz 82
      b) Betriebe gewerblicher Art 82
      c) Formelle Steuerpflichten und materielle Steuerlasten 84
   2. Umsatzsteuer 85
      a) Umsatzsteuerpflicht und Aufzeichnungsaufwand 85
      b) Zahllast und Vorsteuerabzug 85
      c) Rückfluß des USt-Aufkommens an die Gemeinden 85
   3. Gewerbesteuer 86
      a) Gewerbesteuerpflicht bei Gewinnerzielung am Markt 86
      b) Formelle Steuerpflichten, materielle Steuerlasten und Aufkommensrückfluß 86
   4. Grundsteuer 87

Ergebnis der Untersuchung zur Zulässigkeit kommunaler Bürgerämter 88

Literaturverzeichnis 92

I. Idee und Praxis kommunaler Bürgerämter

1. Ziele und Aufgaben

Eine Anzahl deutscher Kommunen, also die Gemeinden und die Kreise, setzt zu einer Umstrukturierung ihrer Verwaltung an. Sie weichen für ihre Dienstleistungen nach außen vom Verwaltungsaufbau nach fachlichen Gesichtspunkten ab, welche die Einwohner zum Besuch verschiedener Ämter und zu unterschiedlichen Behördengängen je nach der gewünschten Dienstleistung veranlaßte. Sie errichten für diese Aufgaben neue, allzuständige Bürgerämter, die den Einwohnern sämtliche Dienstleistungen umfassend und unmittelbar aus einer Hand anbieten[1]. Wie zu Zeiten kleinerer Gemeindegrößen muß der Bürger nur noch „aufs Rathaus gehen", um seine Kontakte zur Kommune abzuwickeln. Dieses Ideal eines einzigen, für alle kommunalen Aufgaben nach außen zuständigen Bürgeramtes ist in der Praxis zwar nicht vollständig zu erreichen. Einzelne Kommunen haben aber bereits in einem sog. Bürgerbüro, -amt oder Vorortrathaus ihr Antragswesen, die kommunale Kassentätigkeit mit Einzahlungen und Auszahlungen (vor allem sozialer Geldleistungen), die Ausstellung oder Beglaubigung von Bescheinigungen, Lohnsteuerkarten und Ausweisen, die Registerführung, die Zulassung von Kraftfahrzeugen einschließlich der Ausgabe der Kennzeichen, die Erteilung von Auskünften – auch in der Lotsenfunktion der Weiterführung zu anderen Behörden –, die Rechtsberatung in Kommunalangelegenheiten, die Information über kommunale Dienstleistungen oder Programme sowie über Fahrpläne und Hotels in der Stadt, den Verkauf von Fahr- und Eintrittskarten oder die Ausgabe von Müllsäcken und -marken konzentriert. Die Bürgerämter erfüllen damit ein weites Aufgabenfeld der Kommunen, das bisher auf verschiedene Ämter verteilt war. Kompliziertere Verwaltungsvorgänge wie z. B. bau-, umwelt- oder sozialversicherungsrechtliche Angelegenheiten oder Fragen des Ausländerrechts, werden wegen der rechtlichen Komplexität der Sachmaterie meist davon ausgenommen. Die Kommunen versprechen sich von der Umstrukturierung eine (allerdings kaum näher präzisierte[2] „Bürgernähe", die sich in der Zufriedenheit der Einwohner mit dem kommunalen Leistungsangebot auszahlt und transport- und zeitaufwendige Behördengänge erspart. Sie erwarten eine Stärkung der Motivation ihrer eigenen Bediensteten, weil jene der Einförmigkeit eines speziellen Verwaltungsverfahrens für ein enges Fachgebiet zugunsten einer Gesamtbetreuung des Bürgers in täglich neuen Fallkonstellationen aus verschiede-

---

[1] Zum vorgesehenen Aufgabenkatalog vgl. Städtetag Bad.-Württ., Geschäftsprozeßoptimierung im Bürgeramt, Juli 1997, S. 4 ff.; Stadt Heidelberg, Bürgeramt – Fünfjahresbericht 1992 - 1996, S. 9.

[2] Vgl. dazu S. 33 ff.

10 I. Idee und Praxis kommunaler Bürgerämter

nen Rechtsgebieten mit unmittelbarer Entscheidungsgewalt vor Ort entgehen können. Sie hoffen auf eine wirtschaftlichere Abwicklung der Verwaltungsvorfälle durch kurze Wege zum und im Bürgeramt und schnelle, mündliche Verfahrensabläufe vor Ort statt einer aufwendigen Abstimmung der Verwaltungstätigkeit zwischen Fachämtern und zeitraubender schriftlicher Verwaltungsverfahren.

2. Vorbilder für Bürgerämter

Vorbild für diese Ämter waren die Auskunftstellen der gesetzlichen Sozialversicherung, die nach § 15 Abs. 1 SGB I über alle sozialen Sach- und Rechtsfragen Auskünfte zu erteilen haben, um den Versicherten durch das zerklüftete Recht der Sozialversicherung zu leiten. Neben den Trägern der gesetzlichen Krankenversicherung (§ 15 Abs. 1 SGB I) wurden von den Ländern meistens die Kommunen mit derartigen sozialrechtlichen Angelegenheiten beauftragt. Ferner sind die Gemeinden schon seit längerem verpflichtet, Anträge auf Sozialleistungen entgegenzunehmen und an den zuständigen Leistungsträger weiterzuleiten (§ 16 Abs. 1 und 2 SGB I). Ein Modell für Bürgerämter bestand also in diesem Bereich schon seit längerem.

3. Konzentration der Aufgaben auf ein zentrales Bürgeramt oder Dekonzentration in der Fläche auf parallele Bürgerämter

Die gemeinsame Tendenz der Kommunen zum Bürgeramt zielt in zwei Richtungen. Während die einen ein einziges, zentrales Bürgeramt auf ihrem Gebiet errichten, verwirklichen andere ihre Vorstellung von „Bürgernähe" mit einem flächendeckenden System nebeneinander bestehender Bürgerämter für jeden Stadt- oder Gemeindeteil mit umfassender Parallelzuständigkeit. Das einzige zentrale Bürgeramt faßt die bisher auf Fachbehörden verteilten kommunalen Leistungen in einer Behörde zusammen, bezweckt also eine Konzentration der Aufgaben[3]. Bürgernähe bedeutet dabei, die kommunale Organisation, die fachliche Arbeit und die rechtlichen Maßstäbe dem Bürger durch Gesamtberatung und Gesamtentscheidung näher zu bringen.

Das Konzept mehrerer (Stadtteil-) Bürgerämter gliedert dieses Gesamtangebot wieder räumlich in parallel zuständige Bürgerämter auf, verfolgt demnach eine Dekonzentration in der Fläche. Bürgernähe wird dann als Ortsnähe der Behörde zum Wohnsitz oder Arbeitsplatz des Einwohners definiert.

Die Bürgerämter beruhen also auf zwei unterschiedlichen Ideen: Erstens auf der Zusammenfassung bisher in Fachämter zerstreuter Kompetenzen auf eine Behörde – dem Bürgeramt – und in diesem auf eine Person des Gemeindebediensteten im

---

[3] Der Bad.-Württ. Städtetag empfiehlt, es bis 50.000 Einwohnern bei einem einzigen Bürgeramt zu belassen; a. a. O., S. 9.

Außenkontakt zum Bürger. Die Vielzahl der Ämterzuständigkeiten und Verfahren wird auf jeweils ein Amt konzentriert; das bewirkt letzten Endes eine Aufgabenkonzentration im materiellen Verwalten der Kommunen. Zweitens beruhen sie auf der Verteilung der Aufgabenerfüllung auf mehrere Bürgerämter in den Gemeindebezirken. Sie führt zur Dekonzentration der Verwaltungsorganisation in der Fläche, d. h. zur Parallelverwaltung durch mehrere Bürgerämter[4]. Beide Ideen werden durch die Errichtung von Bürgerämtern verwirklicht, obwohl sie eigentlich wenig Gemeinsamkeiten aufweisen.

4. Zuständigkeit für hoheitliche Kommunalaufgaben und Zusatzleistungen im Wettbewerb zu Privaten

Manche Kommunen weisen den Bürgerämtern allein hoheitliche, kommunale Dienstleistungen zu, während andere die Errichtung eines Bürgeramts zum Anlaß nehmen, sich zugleich durch Verkauf von Fahr- und Eintrittskarten, durch Ausgabe von Kfz-Kennzeichen oder durch Hotel- oder Wohnungsvermittlung in den Markt und in einen Wettbewerb zu Privaten zu begeben. Damit tritt neben die hoheitliche Organisationsentscheidung über die Ämterstruktur der weitere Entschluß, unternehmerisch tätig zu werden.

---

[4] Die Dekonzentration in der Fläche führt das Konzept der Bürgerämter in praktische und rechtliche Probleme; vgl. dazu vor allem S. 37 ff.

II. Befugnis zur Umstrukturierung

1. Die allgemeine Organisationsgewalt der Exekutive und die besondere Organisationshoheit der Kommunen

Die grundsätzliche Befugnis zur Einrichtung von Bürgerämtern ergibt sich aus der Organisationshoheit der Kommune[5]. Darunter versteht man die Befugnis, den Aufbau, die personelle und sachliche Ausstattung und das Verfahren der eigenen Verwaltung[6] eigenverantwortlich zu bestimmen. Sie stützt sich auf die allgemeine Organisationsgewalt[7], die jeder Exekutivbehörde zusteht, weil ihre Verpflichtung zur wirksamen Erfüllung von Verwaltungsaufgaben eine funktionsgerechte Organisation voraussetzt. Früher bezeichnete man diese Organisationsgewalt sogar als „Hausgut" der Exekutive, um sie vom Zugriff des Gesetzgebers freizuhalten[8]; heute ist man sich darüber einig, daß der Verwaltung zwar eine eigene Organisationsgewalt zusteht, daß diese aber verfassungsgebunden ist und dem Zugriff des staatlichen Gesetzes unterliegt[9].

Eine eigene dogmatische Wurzel, jedoch auch besondere rechtliche Grenzen weist die Organisationshoheit bei den Kommunen auf. Das Recht zur Eigenorganisation steht den Kommunen als wesentliches, verfassungsgarantiertes Hoheitsrecht zu[10]. Es stützt sich auf Art. 28 Abs. 2 GG; landesverfassungsrechtliche Regelungen detaillieren Art. 28 Abs. 2 GG zwar weiter, fügen ihm aber im Ergebnis keine zusätzlichen Aspekte in Bezug auf die Organisationshoheit hinzu, sondern befassen sich primär mit Kommunalgebiet, -finanzen, -aufsicht und Rechtschutz[11].

---

[5] BVerfG, DVBl. 1991, S. 691, 693; NVwZ 1995, S. 677 f.

[6] Zum Inhalt der Organisationshoheit im einzelnen Waechter, Kay, Kommunalrecht, 1993, S. 50 ff.; Stober, Rolf, Kommunalrecht in der Bundesrepublik Deutschland, 3. Aufl. 1996, S. 78 f. m.w.Nachw.

[7] Die verfassungsrechtliche Organisationsgewalt enthält (unstr.) das Recht zur Schaffung, Veränderung und Ordnung der Behörden und zur Bestimmung der Aufgaben, inneren Gliederung und zur Geschäftsregelung; Böckenförde, Wolfgang, Die Organisationsgewalt im Bereich der Regierung, 1964, S. 38.

[8] Stern, Klaus, Das Staatsrecht der Bundesrepublik Deutschland, Band II, 1990, S. 298 m.w.Nachw.

[9] Z. B. Stern, a. a. O.; ders. Staatsrecht, Band I, 2. Aufl. 1994, S. 824; zu den Grenzen des Zugriffs Frenz, VerwArch. 86 (1995), S. 378, 384.

[10] BVerfGE 52, S. 95, 117; 38, S. 258, 278 f.

[11] Z. B. Stober, Kommunalrecht, a. a. O., S. 22.

2. Gesetzliche Regelung der äußeren und eigenverantwortliche Bestimmung der inneren Kommunalverfassung

Die kommunale Organisationshoheit ist aber einer gesetzlichen Regelung von außen zugänglich[12], denn sie besteht nach Art. 28 Abs. 2 GG nur „im Rahmen der Gesetze"[13]. Das Bundesverfassungsgericht hält die Organisationshoheit nur für „von vornherein relativ gewährleistet"[14], so daß sie auch ohne „spezifische Rechtfertigung"[15] gesetzlich begrenzt werden kann. In der Praxis existiert Raum für die eigene Organisationsgewalt nur noch für die innere Gemeindeverfassung[16], d. h. für die Einrichtung von Ämtern und Dienststellen sowie die Ablauforganisation, während die äußere Kommunalverfassung i.S.e. Bestimmung über die Kommunalorgane und die grundsätzliche Aufgabenverteilung in der Verwaltung seit jeher dem Gesetzgeber überlassen war[17]. Letztlich werden die Hauptorgane der Kommunen und deren Ableger, ihre Kompetenzen und Verfahren sowie ihre Außenvertretung üblicherweise von den gesetzlichen Kommunal-, Kreis- und Gemeindeordnungen geregelt. Ferner greifen die Landesgesetze weitere Organisationsfragen auf, wenn sie politisch von Bedeutung sind[18]. Im verbleibenden Raum steht den Kommunen noch eine eigene Organisationshoheit zu.

3. Organisationshoheit ohne institutionellen Gesetzesvorbehalt

Da im Selbstverwaltungsrecht nach Art. 28 Abs. 2 GG auch die Organisationsgewalt enthalten ist, dürfen Kommunen ihre Verwaltung einrichten, ohne dafür eine besondere gesetzliche Ermächtigung vorweisen zu müssen[19]. Selbst wo Landesverfassungen – wie z. B. Art. 70 Abs. 1 bad.-württ. LV[20] – einen generellen, institutionellen Gesetzesvorbehalt für die Organisation der Landesverwaltung aufstellen, wird die innere Organisation der Kommunen einschließlich der Bildung von Ämtern davon nicht erfaßt, weil sie sich auf eine verfassungsunmittelbare Gewährleistung und ein allgemeines Kommunal-„Verfassungs"-Gesetz in Gestalt der Gemeinde- und Kreisordnungen stützen können[21]. Ausnahmen entstünden nur,

---

[12] BVerfGE 91, S. 228, 240.
[13] BVerfGE 91, S. 228, 240.
[14] BVerfGE 91, S. 228, 240.
[15] BVerfGE 91, S. 228, 240.
[16] Laux, AfK 1995, S. 229, 234 u. 248; Waechter, a. a. O., S. 50.
[17] BVerfGE 91, S. 228, 236 ff.; Pagenkopf, Hans, Kommunalrecht, Band 1, 2. Aufl. 1975, S. 68.
[18] So z. B. zuletzt mit der Pflicht zur Bestellung von Gleichstellungsbeauftragten; vgl. BVerfGE 91, S. 228.
[19] BVerfG, Kammerbeschluß, DVBl. 1987, S. 135, 136; NVwZ 1995, S. 677 f.
[20] Art. 70 Abs. 1 S. 1 bad.-württ. LV: „Aufbau, räumliche Gliederung und Zuständigkeiten der Landesverwaltung werden durch Gesetz geregelt."

wenn kommunales Organisationsrecht die Statusrechte Dritter änderte, eine neue Behörde mit eigener Rechtsfähigkeit schaffte oder ein Wechsel in Kontrollzuständigkeit oder -dichte aufträte[22]. Dies tritt aber bei einer Umorganisation des Binnenaufbaus einer Kommune durch Bildung von Bürgerämtern nicht ein, denn Fach- oder Bürgerämter halten sich stets innerhalb der eigenen Gebietskörperschaft[23]; sie verändern keine Rechtspositionen Dritter; die kommunalen Kontrollmechanismen bleiben bestehen. Anders ist jedoch zu entscheiden, wenn eine Landesverfassung statt eines generellen einen individuellen, auf die Bürgerämter oder die Binnenorganisation der Kommunen ausgerichteten Gesetzesvorbehalt aufstellt. Das ist in den Stadtstaaten zum Teil der Fall[24]; dort erfordert die Einrichtung von Bürgerämtern einen erheblichen normativen Aufwand.

4. Eigene Organisationsgewalt der Kommunen sowohl in Selbstverwaltungs- als auch in staatlichen Angelegenheiten

Organisationshoheit besitzt jede Kommune aufgrund ihrer verfassungsrechtlich vorgesehenen Eigenverantwortlichkeit[25]. Den Gemeinden steht sie sowohl für ihre Selbstverwaltungsaufgaben als auch für die ihnen übertragenen, staatlichen Aufgaben zu, die sie im Wege der Organleihe erledigen[26]. Die Landkreise befinden sich zwar in größerer Nähe zum Staat. Aber auch sie besitzen grundsätzlich eine eigene Organisationsgewalt im Binnenbereich ihrer Kreisverwaltung[27]. Das gilt auch für diejenigen Landratsämter, die Kreis- und Staatsbehörde zusammenfassen, denn die Eigenverantwortlichkeit der Aufgabenerledigung ist den Landkreisen im Gegensatz zur Universalität des Aufgabenkreises in Art. 28 Abs. 2 GG ebenfalls garantiert[28].

Im Ergebnis kann deshalb kein Zweifel bestehen, daß die Kommunen grundsätzlich zur Bildung von Bürgerämtern befugt sind. Die verfassungsrechtliche Gewähr-

---

[21] Bisher existieren in Baden-Württemberg, Berlin, Brandenburg, Hamburg, Nordrhein-Westfalen, im Saarland und in Schleswig-Holstein Landesorganisationsgesetze; sie sind in Mecklenburg-Vorpommern, Sachsen und Thüringen geplant. Vgl. dazu John, Monika, Verwaltungsorganisation im Reformprozeß, 1998, S. 27 ff. insbes. FN 93.

[22] Vgl. Erichsen / Knoke, DÖV 1985, S. 54, 55 m.w.Nachw.

[23] Ämter sind rechtlich unselbständige Dienststellen der Kommune; Gern, Alfons, Sächs. Kommunalrecht, 1994, S. 149.

[24] Vgl. dazu die Ausführungen auf S. 22 f.

[25] BVerfGE 91, S. 228, 246 ff.

[26] BVerfGE 83, S. 363, 382; Seele, Der Kreis, Bd. 3 1985, S. 39, 130; Frenz, Verw.-Arch. 86 (1995), S. 378, 388; Schmidt-Jortzig, Edzard, Kommunalrecht, 1982, S. 137; Gern, a. a. O., S. 77; Lissack, Gernot, Bayerisches Kommunalrecht 1997, S. 56. Die Unterscheidung zwischen Selbstverwaltungsaufgaben und übertragenen Aufgaben spielt jedoch eine Rolle für das verfassungsrechtlich verlangte Ausmaß kommunaler (Mit-)Organisationshoheit; BVerfGE 91, S. 228, 241.

[27] Vgl. dazu z. B. Seele, Der Kreis, Bd. 3, 1985, S. 39, 130 ff.

[28] BVerfGE 83, S. 363, 383.

leistung der kommunalen Organisationshoheit und Eigenverantwortlichkeit, allgemeine Vorgaben in den Gemeinde- und Kreisordnungen sowie die generelle Organisationsgewalt der Exekutive berechtigen sie dazu. Die Einrichtung von Bürgerämtern berührt nur die innere Gemeindeverfassung; vor allem begründen Bürgerämter keine neue Außenzuständigkeiten, sondern ändern lediglich die Binnengliederung der Kommune, damit dem Bürger unter einer Adresse alle kommunalen Dienstleistungen angeboten werden, die er früher an verschiedenen Orten aufsuchen mußte.

Zu erörtern bleibt aber, welches Organ innerhalb der Kommune die Binnengliederung ihrer Verwaltung ändern darf. Ferner ist zu prüfen, welche Rechtssätze für eine Gestaltung der Kommunalorganisation zu beachten sind, denn Gemeinden und Kreise sind selbstverständlich auch in ihrer autonomen Organisationshoheit an Verfassung und allgemeine Rechtsgrundsätze gebunden.

III. Allgemeine Organkompetenzen zur Bildung von Bürgerämtern

1. Grundsatzentscheidungen der Kommunalordnungen

Die Einrichtung von Bürgerämtern stellt eine grundsätzliche Entscheidung mit Bedeutung für die allgemeine Verwaltungspolitik der Kommune dar, denn sie entfaltet Außenwirkung auf ihre Bürger und Einwohner und hat Einfluß auf den gesamten inneren Geschäftsgang. Sie zählt grundsätzlich nicht zu den Geschäften der laufenden Verwaltung, die von den Kommunalordnungen dem Bürgermeister oder Gemeindedirektor übertragen werden. Das läßt eine Zuständigkeit des Gemeinde- oder Kreisrats zur Bildung von Bürgerämtern vermuten. Dennoch sind die Organkompetenzen für eine Entscheidung über die Binnengliederung der Verwaltung in den einzelnen Ländern unterschiedlich verteilt. Ausschlaggebend für die Organkompetenz ist das Grundverhältnis zwischen der Kommunalvertretung und dem Hauptverwaltungsbeamten[29]. Meist besteht eine generelle Kompetenz der Gemeindevertretung zur Festlegung der Grundsätze und Richtlinien für die Verwaltung und zum Erlaß von Hauptsatzungen, die auch Organisationsregelungen enthalten können, während der Gemeindevorsteher als Leiter der Verwaltung und als (Dienst-) Vorgesetzter der Kommunalbediensteten fungiert. Zuweilen ist die Organkompetenz für die Organisation der Kommunalverwaltung sogar ausdrücklich geregelt. In den Landkreisen besitzt der Hauptverwaltungsbeamte wegen der größeren Nähe dieses Kommunaltyps zum Staat regelmäßig eine stärkere Position, denn in seiner Person laufen Selbst- und Staatsverwaltung zusammen; er ist Leiter des Landratsamtes. Im einzelnen sind die Organisationskompetenzen kompliziert und unterschiedlich geregelt, oft noch nicht zweifelsfrei in Rechtsprechung und Literatur geklärt.

2. Die einzelnen Regelungen der Bundesländer für die Organkompetenz in den Gemeinden

In Baden-Württemberg ordnet der Bürgermeister nach § 44 Abs. 1 S. 2 Gemeindeordnung ohne Mitwirkung des Gemeinderats „die innere Organisation der Gemeindeverwaltung". Damit steht ihm aus eigener Organisationsgewalt das Recht zu, die Außenkompetenzen der Fachbehörden in einem Bürgeramt zu bündeln.

---

[29] Dazu Schmidt-Eichstaedt, AfK 1985, S. 20 ff.

III. Allgemeine Organkompetenzen zur Bildung von Bürgerämtern

Die bayrische Gemeindeordnung sieht ein erst im Einzelfall näher zu spezifizierendes Zusammenwirken von Gemeinderat und Bürgermeister vor. Der Gemeinderat ist nach Art. 29 Gemeindeordnung zuständig für Grundsatzfragen. Der Bürgermeister ist nach Art. 43 Abs. 3 Gemeindeordnung Dienstvorgesetzter der Kommunalbeamten; er führt die Dienstaufsicht (Art. 37 Abs. 4 Gemeindeordnung). Der Gesetzesvollzug wird nach den Art. 59 Abs. 1 und 37 Abs. 1 Gemeindeordnung zwischen Gemeinderat und Bürgermeister aufgeteilt. Die Organkompetenz hängt in erster Linie von den Aufgaben ab, die in den Bürgerämtern erledigt werden sollen.

Nach Art. 1 Abs. 1 seiner Verfassung ist Berlin ein deutsches Land und zugleich eine Stadt. Gemäß § 3 des Allgemeinen Zuständigkeitsgesetzes werden staatliche und kommunale Verwaltung von einer Einheitsverwaltung wahrgenommen. Gem. Art. 67 Abs. 3 und 75 Abs. 1 Berliner Verfassung sind die Zuständigkeiten der Verwaltung und die Organisation der Bezirksverwaltung durch Gesetz zu regeln. Insoweit besteht also ein umfassender, institutioneller Gesetzesvorbehalt, der für die Zuweisung von Kompetenzen an Bezirke ein formelles Gesetz verlangt. Zudem sieht § 37 Abs. 1 Bezirksverwaltungsgesetz vor, daß sich die Bezirksverwaltung in fünf Abteilungen gliedert, die der Organisationsstruktur der Hauptverwaltung entsprechen. Letztlich steht nach § 37 Bezirksverwaltungsgesetz die Einrichtung von Bürgerämtern aber dem Bezirksamt zu, d. h. dem Bezirksbürgermeister und den vier Bezirksstadträten. Zweifelhaft bleibt hierbei, ob das dem Gesetzesvorbehalt des Art. 75 Berliner Verfassung genügt, weil § 37 Bezirksverwaltungsgesetz die Befugnis zur Organisation lediglich weiterreicht statt die Organisation selbst in Gesetzesform zu regeln. Schwierigkeiten könnten sich ferner daraus ergeben, daß das Bezirksamt seine Verwaltung in fünf Abteilungen zu gliedern hat; das stellt die Frage, ob ein abteilungsübergreifendes Bürgeramt überhaupt zulässig ist und ob für dessen Einrichtung ein formelles Gesetz als lex specialis zu § 37 Abs. 1 Bezirksverwaltungsgesetz notwendig wäre.

In Brandenburg ist nach Art. 1 § 35 Kommunalverfassung die Gemeindevertretung für die Bildung von Bürgerämtern zuständig; grundsätzlich können sämtliche Fragen der inneren Verfassung durch Hauptsatzung der Gemeindevertretung geregelt werden[30].

In Bremen bestehen – entgegen der landläufigen Meinung – nach Art. 143 der bremischen Verfassung zwei Gemeinden, nämlich die Stadt Bremen und die Stadt Bremerhaven. In Bremerhaven beschließt nach § 17 der (Stadt-)Verfassung von Bremerhaven die Stadtverordnetenversammlung, soweit nicht der Magistrat als (oberste) Dienstbehörde gemäß § 42 Abs. 2 oder der Oberbürgermeister als Dienstvorgesetzter der städtischen Bediensteten nach § 44 Abs. 3 der (Stadt-)Verfassung von Bremerhaven entscheidet. Für die Stadtgemeinde Bremen ist grundsätzlich die Stadtbürgerschaft und der Senat als gesetzliches Organ zuständig[31]. Nach Art. 120

---

[30] Art. 1 § 6 Abs. 1 S. 3 Kommunalverfassung.
[31] Art. 148 Bremische Verfassung.

der Verfassung ist der Senat für die Errichtung von fachübergreifenden Bürgerämtern zuständig.

Nach Art. 4 Abs. 1 der Verfassung der Freien und Hansestadt Hamburg werden staatliche und gemeindliche Tätigkeiten nicht getrennt, d. h. es besteht eine Einheitsverwaltung. Nach Art. 42 Abs. 1 Nr. 4 Hamburger Verfassung entscheidet der Senat über Angelegenheiten, die von grundsätzlicher oder allgemeiner Bedeutung sind oder die Gesamtverwaltung betreffen. Das ist bei der Einrichtung von Bürgerämtern der Fall, denn sie bündeln Zuständigkeiten, die bisher Fachbehörden zukamen und betreffen die Aufgaben der Verwaltung nach außen. Nach Art. 57 der Hamburger Verfassung regelt ein formelles Gesetz die Gliederung und den Aufbau der Verwaltung. Der Senat grenzt dann die einzelnen Verwaltungszweige gegeneinander ab. Danach bedarf es für die Einrichtung von Bürgerämtern eines Gesetzes.

In Hessen besteht ein Kondominium zwischen Gemeindevertretung und Bürgermeister. Während die Gemeindevertretung nach § 50 Abs. 1 S. 1 hessische Gemeindeordnung grundsätzlich für alle Angelegenheiten der Gemeinde zuständig ist und § 6 Abs. 1 S. 2, 2. HS. Gemeindeordnung ihr generell gestattet, die für die Verfassung der Gemeinde wesentlichen Fragen in der Hauptsatzung zu regeln, bleibt der Bürgermeister nach § 70 Abs. 1 S. 2 Gemeindeordnung zur Leitung, zur Aufsicht über den Geschäftsgang der gesamten Verwaltung und für den geregelten Ablauf der Verwaltungsgeschäfte verantwortlich; auch ist er nach § 73 Abs. 2 Gemeindeordnung Dienstvorgesetzter der Gemeindebediensteten.

Ähnlich ist die Rechtslage in Mecklenburg-Vorpommern. Nach § 22 Abs. 2 Kommunalverfassung steht der Gemeindevertretung die Kompetenz für alle wichtigen Angelegenheiten der Gemeinde zu. § 22 Abs. 3 Nr. 4 und 5 Kommunalverfassung sichert ihre Zuständigkeit besonders für die allgemeinen Grundsätze, nach denen die Verwaltung geführt werden soll, und für die Grundsätze in Personalentscheidungen. § 5 Abs. 2 Satz 2, 2. HS Kommunalverfassung stellt des weiteren klar, daß auch sonstige, für die Verfassung der Gemeinde wesentlichen Fragen in der Hauptsatzung geregelt werden können. Auf der anderen Seite ist der (hauptamtliche) Bürgermeister nach § 37 Abs. 2 S. 2 Kommunalverfassung Leiter der Verwaltung, Verantwortlicher für die sachgerechte Erledigung der Aufgaben und den ordnungsgemäßen Gang der Verwaltung. Eine stärkere Stellung wird ihm durch § 37 Abs. 7 Kommunalverfassung gegeben, wo ihm „die Regelung der inneren Organisation der Verwaltung und der Geschäftsverteilung" zugeordnet wird. Es handelt sich also – wie in Hessen – um ein Kondominium, in dem allerdings die Position des Bürgermeisters stärker ist.

In Niedersachsen besteht ein nach der Bedeutung des Organisationsakts abgeschichtetes Zuständigkeitssystem: während der Rat nach § 40 Abs. 1 Nr. 1 niedersächsische Gemeindeordnung für die Richtlinien, nach denen die Verwaltung geführt werden soll, zuständig ist und nach § 7 Abs. 1 Satz 2, 2. HS Gemeindeordnung auch alle übrigen Fragen der inneren Gemeindeverfassung in der Hauptsat-

III. Allgemeine Organkompetenzen zur Bildung von Bürgerämtern

zung regeln kann, hat der Gemeindedirektor nach § 62 Abs. 2 Gemeindeordnung die Leitung und Aufsicht über den Geschäftsgang der Verwaltung inne; er regelt im Rahmen der Richtlinien des Rats die Geschäftsverteilung. Die dienstrechtlichen Befugnisse über die Gemeindebediensteten werden nach § 80 Abs. 2 Gemeindeordnung zwischen Rat, Verwaltungsausschuß und Gemeindedirektor aufgeteilt.

In Nordrhein-Westfalen muß nach § 41 Abs. 1 S. 1 und S. 2a Gemeindeordnung der Rat über die allgemeinen Grundsätze der Verwaltungsführung entscheiden, während der Bürgermeister für die Leitung und Beaufsichtigung des Geschäftsgangs der gesamten Verwaltung und zur Leitung und Verteilung der Geschäfte zuständig[32] sowie Dienstvorgesetzter der Gemeindebediensteten ist[33]. Besitzt die Gemeinde einen Verwaltungsvorstand aus Bürgermeister, hauptamtlichen Beigeordneten und Kämmerer, so wirkt er an den Grundsätzen der Organisation der Verwaltungsführung nach § 70 Abs. 2a Gemeindeordnung mit; bei Meinungsverschiedenheiten entscheidet aber wieder der Bürgermeister[34].

In Rheinland-Pfalz ist der Gemeinderat nach § 32 Abs. 1 Gemeindeordnung für die Grundsätze der Verwaltung der Gemeinde und für alle Selbstverwaltungsangelegenheiten zuständig, soweit sie nicht durch besonderes Gesetz dem Bürgermeister zugewiesen werden. Nach § 25 Abs. 1 S. 2 Gemeindeordnung kann er in der Hauptsatzung „weitere für die Selbstverwaltung der Gemeinden wichtige Fragen regeln." Dem Bürgermeister steht hingegen nach § 47 Abs. 1 S. 1 Gemeindeordnung die Leitung der Gemeindeverwaltung zu; nach § 47 Abs. 2 S. 1 Gemeindeordnung ist er Vorgesetzter der Gemeindebediensteten.

Im Saarland beschließt nach § 34 Kommunalselbstverwaltungsgesetz der Gemeinderat über alle Selbstverwaltungsangelegenheiten der Gemeinden und – bei besonderer gesetzlicher Zulassung – auch in Auftragsangelegenheiten, soweit sie nicht dem Bürgermeister übertragen sind. Der Bürgermeister ist nach § 59 Abs. 2 S. 1 und Abs. 4 S. 1 Kommunalselbstverwaltungsgesetz Leiter der Gemeindeverwaltung sowie Dienstvorgesetzter und oberste Dienstbehörde der Gemeindebediensteten.

In Sachsen kommt dem Bürgermeister aufgrund ausdrücklicher gesetzlicher Normierung die Organisationsgewalt für die innere Gemeindeverfassung zu. Zwar ist nach § 28 Abs. 1 S. 1 sächs. Gemeindeordnung der Gemeinderat zuständig für die Grundsätze der gemeindlichen Verwaltung und für alle Angelegenheiten der Gemeinde, die nicht normativ einem dritten Organ zugeordnet sind. Nach § 51 Abs. 1 S. 1 Gemeindeordnung ist jedoch der Bürgermeister Leiter der Gemeindeverwaltung, nach § 53 Abs. 1 Gemeindeordnung ist er zur Regelung der inneren Organisation der Gemeindeverwaltung befugt; § 53 Abs. 4 Gemeindeordnung gibt ihm die Stellung eines Vorgesetzten über die Gemeindebediensteten. Die „innere

---

[32] § 62 Abs. 1 Gemeindeordnung.
[33] § 73 Abs. 2 Gemeindeordnung.
[34] § 70 Abs. 4 S. 1 Gemeindeordnung.

Organisaton der Gemeindeverwaltung" dürfte nach dem üblichen kommunalrechtlichen Sprachgebrauch auch die Einrichtung von Bürgerämtern umfassen.

Ähnliches gilt für Sachsen-Anhalt. Zwar ist der Gemeinderat nach § 44 Abs. 1 Satz 1 Gemeindeordnung umfassend zuständig, soweit normativ keine Kompetenz eines anderen Organs begründet wurde; er darf nach § 7 Abs. 1 Satz 2, 2. HS Gemeindeordnung „auch andere für die Verfassung der Gemeinde wesentliche Fragen" in der Hauptsatzung regeln. Dieses Zugriffsrecht besteht aber nur im Rahmen der Hauptsatzung. Nach § 63 Abs. 1 S. 1 Gemeindeordnung regelt der Bürgermeister selbst die innere Organisation der Gemeindeverwaltung. Überdies ist er nach § 63 Abs. 5 Gemeindeordnung Vorgesetzter der Gemeindebediensteten. Hier besteht also ebenfalls eine Kompetenz des Bürgermeisters, die allerdings einem durch Hauptsatzung ausübbaren Zugriffsrecht des Gemeinderats ausgesetzt ist.

In Schleswig-Holstein bestehen unterschiedliche Vorschriften für Magistrate, hauptamtliche und ehrenamtliche Bürgermeister. Grundsätzlich ist nach § 27 Abs. 1 Gemeindeordnung die Gemeindevertretung in allen für die Gemeinde wichtigen Entscheidungen zuständig. Nach §§ 50 Abs. 5 und 55 Abs. 1 Gemeindeordnung leitet der Bürgermeister die Gemeindeverwaltung nach den Grundsätzen und Richtlinien der Gemeindevertretung; er ist für den Geschäftsgang der Verwaltung verantwortlich. Die dienstrechtlichen Zuständigkeiten werden nach §§ 50 Abs. 4, 55 Abs. 2 und 60 Abs. 3 Gemeindeordnung unterschiedlich zugeteilt. Letztlich besteht ein Kondominium, das dem Gemeinderat allgemeine Vorgaben zugesteht und dem Bürgermeister die konkrete Errichtung von Bürgerämtern überläßt.

Der thüringischen Kompetenzordnung für die Gemeindeorgane liegt das Modell zugrunde, daß der Gemeinderat nach § 22 Abs. 3 Kommunalordnung außerhalb der gesetzlich besonders zugewiesenen Aufgaben umfassend zuständig ist; nach § 20 Abs. 1 S. 3 Kommunalordnung können andere für die Verfassung der Gemeinde wesentliche Fragen in einer Hauptsatzung geregelt werden. Dem Bürgermeister obliegt hingegen nach § 29 Abs. 1 Kommunalordnung die Leitung der Gemeindeverwaltung, er ist nach § 29 Abs. 3 Kommunalordnung Vorgesetzter der Gemeindebediensteten.

3. Zwei Kompetenzmodelle kommunaler Binnenorganisation

Der Überblick zeigt, daß die Organkompetenzen innerhalb der Gemeinde für die Errichtung von Bürgerämtern so unterschiedlich sind, daß sie sich über keinen bundeseinheitlichen Leisten schlagen lassen. Sieht man von Besonderheiten, wie zusätzlichen Organen, z. B. Magistraten oder Verwaltungsausschüssen, und allgemeinen kommunalen Sondergliederungen, wie Ortschaften, Bezirken, Ämtern, Samt- oder Verbandsgemeinden ab, und konzentriert sich auf die Organe der Gemeindevertretung (Gemeinderat) und des Gemeindevorstehers (Bürgermeisters) so sind zwei Kompetenzmodelle zu erkennen:

III. Allgemeine Organkompetenzen zur Bildung von Bürgerämtern

a) Grundsätzliche Zuständigkeit der Gemeindevertretung

Der Gemeinderat ist grundsätzlich für alle Angelegenheiten der Selbstverwaltung zuständig[35], sofern das Gesetz sie nicht ausdrücklich dem Bürgermeister zuordnet. Er kann ferner allgemeine Grundsätze und Richtlinien für die Verwaltung aufstellen. Selbst wenn sie sich nur auf die Geschäftsführung der Verwaltung – also nicht ausdrücklich auf ihre Organisation – beziehen, muß er bei der Bildung von Bürgerämtern mitwirken, weil damit sowohl eine grundsätzliche Organisationsentscheidung nach außen durch Bildung eines neuen Bürger- „amts" getroffen als auch der Geschäftsgang durch Bündelung von Funktionen und durch Vorverlagerung von Entscheidungskompetenzen prinzipiell geändert wird. Ferner gibt ihm die Zulassung von weiteren Regelungen über die innere Gemeindeverfassung in der Hauptsatzung zumindest das Recht, die grundsätzliche Frage der Einführung von Bürgerämtern zu bestimmen. Überdies steht der Gemeindevertretung immer das Haushaltsrecht in den Formen der Haushaltssatzung und des Stellenplans zu, mit dem sie auf finanziellem Wege im Groben die Organisation der Gemeinde mitbestimmen kann.

Wenn aber einmal der Grundsatzbeschluß zur Errichtung eines Bürgeramtes gefällt worden ist, wird die konkrete Einrichtung und Ausstattung mit Personal- und Sachmitteln sowie die Regelung des Geschäftsablaufs Sache des Gemeindevorstehers. Dies ergibt sich zwar nicht aus der Zuständigkeit des Bürgermeisters für die laufende Verwaltung, denn sie erfaßt nicht Grundsatzweisungen, liegt aber in seiner Stellung als Vorgesetzter der Gemeindebediensteten und als Leiter der Gemeindeverwaltung begründet.

b) Kompetenz des Gemeindevorstehers bei partiellem Zugriffsrecht der Gemeindevertretung

Ein anderes Kompetenzmodell verfolgen diejenigen Gemeindeordnungen, die ausdrücklich dem Bürgermeister die Zuständigkeit zur Organisation der Gemeindeverwaltung zuordnen[36]. In diesem Fall kann er weitgehend die Bildung eines Bürgeramts selbst bestimmen. Der Einfluß des Gemeinderats wird dann auf den Zugriff durch Haushaltssatzungen und Stellenplan oder auf die Vorschriften über die Grundsätze der Verwaltung begrenzt.

In den Stadtstaaten werden die Organisationsfragen teilweise sogar unmittelbar vom Gesetzgeber entschieden, d. h. das Parlament organisiert die Exekutive. In der Organkompetenz liegt ein sensibles, von Rechtsprechung und Literatur bisher noch nicht ausgelotetes Problem der Errichtung von Bürgerämtern; der Organzuständigkeit ist besondere Aufmerksamkeit zu widmen, weil hier leicht Rechtsfehler auftreten können.

---

[35] Z. B. in Brandenburg, Rheinland-Pfalz, im Saarland und in Thüringen.
[36] Z. B. in Baden-Württemberg, Sachsen und Sachsen-Anhalt.

4. Die Organkompetenzen in den Kreisen

Die Organzuständigkeit in den Kreisen ergibt ein ähnliches Bild länderdifferenter Strukturen. Auch hier zählt die Errichtung von Ämtern zur Organisationshoheit, die von Art. 28 Abs. 2 GG und den Landesverfassungen geschützt wird. Allerdings besitzt wegen der größeren Staatsnähe der Landratsämter der Hauptverwaltungsbeamte (Landrat, Oberkreisdirektor) eine stärkere Organisationskompetenz. Die Landkreise können also grundsätzlich Bürgerämter einrichten.

Die Organisationskompetenz liegt in der Regel beim Hauptverwaltungsbeamten des Landkreises[37], manchmal auch beim Kreisausschuß[38]. In grundsätzlichen Organisationsfragen sind Kreistag und Kreisausschuß teilweise zu beteiligen, regelmäßig hat der Hauptverwaltungsbeamte aber eine stärkere Organisationsgewalt als der Bürgermeister im Gemeinderecht. Hinzu kommt, daß in den Landkreisen auch staatliche Aufgaben erfüllt werden. Dies geschieht zum Teil durch eine Kreisverwaltung mit der Doppelfunktion als Kreis- und Landesbehörde, der der Landrat vorsteht. In anderen Ländern besteht nur eine Verwaltungsbehörde des Kreises; der Hauptverwaltungsbeamte ist in persona aber zugleich untere staatliche Verwaltungsbehörde. Auch kommt es vor, daß eine untere, staatliche, allgemeine Verwaltungsbehörde gänzlich fehlt, den Kreisen aber – nach dem Modell der Gemeindeverwaltung – staatliche Aufgaben übertragen werden[39]. In allen drei Fällen steht grundsätzlich dem Landrat oder dem Oberkreisdirektor als Leiter der Kreisverwaltung oder als staatliche, untere Verwaltungsbehörde[40] die Verbandskompetenz zur Organisation von Bürgerämtern zu[41]. Über die staatliche Aufsicht ist sie freilich vom Land zu beeinflussen[42].

---

[37] Z. B. Trumpp, Eberhard / Pokropp, Rainer, Landkreisordnung für Baden-Württemberg, 2. Aufl. 1994, Anm. 2 zu § 42, 1 zu § 53 u. 1 zu § 56.
[38] Seele, Der Kreis, a. a. O., S. 45, 135; Henke, Der Kreis, Bd. 4a 1986, S. 3,4.
[39] Dazu näher Seele, Der Kreis, a. a. O., S. 45, 119f.; ders., in: HBdkWP, Bd. 3, 2. Aufl. 1983, S. 69 u. 78; ders. in: Bd. 2, 2. Aufl. 1982, S. 343, 368f.
[40] Seele, Der Kreis, a. a. O., S. 251, 291 ff.
[41] Henke, a. a. O., S. 3,4 m.w.Nachw.
[42] Seele, Der Kreis, a. a. O., S. 251, 293, insbes. FN 76.

IV. Besondere Vorschriften über Bürgerämter

1. Bezirks-, Orts- und Außenstellen als Bürgeramt

Deutlichere Hinweise zur Zulässigkeit von Bürgerämtern geben die Vorschriften in den jeweiligen Gemeindeordnungen, die sich mit der Aufgliederung der Kommunalverwaltung in Bezirks- und Ortsverwaltungen befassen[43], denn hier wird bereits im Gesetz eine lokale, ortsnahe Untergliederung vorgesehen. Das zwingt nicht dazu, die Fachamtsgliederung zu verlassen, legt es aber nahe. Dasselbe gilt für die ausdrückliche gesetzliche Erlaubnis in Kommunalverfassungsgesetzen, Außenstellen der Kommunalverwaltung einzurichten. Bezirks-, Orts- und Außenstellen dienen ihrer Struktur nach der Dekonzentration in der Fläche; wenn ortsnahe Verwaltungen wegen ihrer geringen Größe auch Aufgabenkreise zusammenfassen müssen, kommt es dabei auch zur Konzentration von Aufgaben. Wo Gemeindeordnungen sogar anordnen, daß Außenstellen die Aufgaben zur ortsnahen Verwaltung zusammenfassen sollen, wird die Aufgabenkonzentration gesetzlich angelegt. Die Aufgliederung einer Gemeindeverwaltung in Bezirks-, Ortschafts- und Außenverwaltungen führt also zur Dekonzentration in der Fläche und tendiert zur Konzentration der Aufgaben.

2. Verschiedenheit der Kompetenzregelungen

Die Kommunalverfassungsgesetze bieten im einzelnen ein buntes Bild an Kompetenzvorschriften. Einige Gemeindeordnungen sehen Bezirks- oder Ortsverfassungen nur für die Willensbildungsorgane in der Selbstverwaltung vor, nicht aber zur örtlichen Administration vor Ort. Dann scheiden sie für die Errichtung von Bürgerämtern aus. Wo aber auch eine örtliche Administration von den Gesetzen angesprochen wird, wechselt im bunten Durcheinander die Pflicht zu deren Errichtung mit einer bloßen gesetzlichen Befugnis; Zuständigkeiten, Binnenorganisation und Übertragung von Aufgaben auf die örtliche Verwaltung werden einmal der Gemeindevertretung, ein anderes Mal dem Hauptverwaltungsbeamten, in einigen Fällen aber auch beiden Organen im Zusammenwirken übertragen. Die grundsätzliche Entscheidung über die Bildung besonderer Bezirke oder Ortschaften, die innere Verfassung der Bezirks- oder Ortschaftsvertretung und die räumliche Abgrenzung des Bezirks obliegt jedoch immer der Gemeindevertretung durch Hauptsatzung oder einfachen Gemeinderatsbeschluß.

---

[43] Überblick aus früherer Zeit bei Grawert, VVDStRL 36, S. 277, 320 FN 164 u. S. 321, FN 166.

3. Einzelne Vorschriften in den Bundesländern

Im einzelnen bestehen folgende Regelungen:

In Baden-Württemberg können nach §§ 64 Abs. 3 und 68 Abs. 4 Gemeindeordnung in Gemeindebezirken und Ortschaften örtliche Verwaltungen eingerichtet werden. Die Grundsatzentscheidung für eine örtliche Verwaltung steht dem Gemeinderat durch Hauptsatzung zu, die konkrete Einrichtung ist dem Bürgermeister aufgrund seiner Befugnisse zur Leitung der Verwaltung und zur Regelung der inneren Organisation der Verwaltung vorbehalten.

Bayern läßt nach Art. 60 Abs. 2 und 5 Gemeindeordnung die Bildung von Bezirksverwaltungsstellen in Stadtbezirken zu. Das Nähere wird durch Gemeindesatzung geregelt; der Erste Bürgermeister kann ihnen in Angelegenheiten der laufenden Verwaltung einzelne seiner Befugnisse übertragen.

Die Berliner Bezirksverwaltungsstellen werden durch das Allgemeine Zuständigkeitsgesetz organisiert. Hier besteht ein Gesetzesvorbehalt; auf der darunterliegenden Ebene können Senat oder einzelne Senatsmitglieder die Verwaltungsorganisation detaillieren.

Eine besondere, nicht organisationsrechtlich ausgerichtete Lösung zur begrenzten Aufgabenkonzentration hat die Brandenburgische Kommunalverfassung gefunden. Nach § 22 Kommunalverfassung ist die Gemeinde bei der Einleitung von Verwaltungsverfahren bei anderen Behörden „behilflich"; sie hat Vordrucke für Anträge, Anzeigen und Meldungen, die ihr von anderen Behörden überlassen werden, bereitzuhalten, Anträge für Landkreise oder Landesbehörden entgegenzunehmen und unverzüglich weiterzuleiten. Hier wird die gesamte Gemeindeverwaltung auf eine umfassende Betreuung der Einwohner verpflichtet. Das gilt auch in ihren Fachämtern, legt aber die Konzentration der Aufgaben in einem Bürgeramt nahe. Der Umfang der Konzentration ist allerdings recht bescheiden, denn er betrifft nur die Vorratshaltung an Formularen, die Weiterleitung von Anträgen und darüber hinaus eine sehr allgemein gehaltene Hilfspflicht, die überdies nur „in den Grenzen der Verwaltungskraft" besteht.

Die §§ 26 ff. des Bremischen Ortsgesetzes über Beiräte und Ortsämter verpflichten zur Einrichtung von Ortsämtern mit einer eigenen Verwaltung „als Außenstelle" und zur Aufgabenübertragung.

In Hamburg wird bereits nach Art. 57 der Verfassung die Gliederung und der Aufbau der Verwaltung durch Gesetz geregelt, §§ 1 bis 4 Bezirksverwaltungsgesetz sehen zwingend Bezirksämter und fakultativ Ortsämter vor; letztere können durch den Senat eingerichtet werden. Sie sind grundsätzlich für die örtlichen Verwaltungsaufgaben zuständig.

§ 81 Abs. 3 hessische Gemeindeordnung gesteht der Kommune grundsätzlich das Recht zu, „Außenstellen der Gemeindeverwaltung einzurichten".

IV. Besondere Vorschriften über Bürgerämter

In Niedersachsen sehen die §§ 55 ff. Gemeindeordnung teils obligatorisch, teils fakultativ die Bildung von Stadtbezirken vor; in ihnen können nach § 55 d Gemeindeordnung Bezirksverwaltungsstellen eingerichtet werden. Sie haben nach §§ 55 d Abs. 3 i.V.m. 22 b Gemeindeordnung in gleichem Umfang wie in Brandenburg Hilfe in Verwaltungsangelegenheiten zu leisten. In Niedersachsen ist die Aufgabenkonzentration ausdrücklich verankert: Nach § 55 d Abs. 2 Gemeindeordnung sollen in Bezirksverwaltungsstellen „im Rahmen einer sparsamen und wirtschaftlichen Haushaltswirtschaft Dienststellen so eingerichtet und zusammengefaßt werden, daß eine möglichst ortsnahe Erledigung der Verwaltungsaufgaben gewährleistet ist".

Eine ähnliche Regelung besteht für Nordrhein-Westfalen. Hier bestehen nach § 38 Abs. 1 Gemeindeordnung notwendig Bezirksverwaltungsstellen in jedem Stadtbezirk, nach § 39 Gemeindeordnung fakultativ Ortschaften mit eigenen Verwaltungsstellen. „In der Bezirksverwaltungsstelle sollen im Rahmen einer sparsamen und wirtschaftlichen Haushaltsführung Dienststellen so eingerichtet und zusammengefaßt werden, daß eine möglichst ortsnahe Erledigung der Verwaltungsaufgaben gewährleistet ist"[44].

In Rheinland-Pfalz sieht § 77 Gemeindeordnung die obligatorische oder fakultative Einrichtung einer Außenstelle der Gemeindeverwaltung durch Hauptsatzung vor, der der Bürgermeister unter Beteiligung des Rats „solche Aufgaben der Gemeindeverwaltung übertragen (kann), die sich, ohne die Einheit und die Wirtschaftlichkeit der Verwaltung zu beeinträchtigen, für eine Übertragung eignen"[45].

Im Saarland gilt nach §§ 76 Abs. 1 und 77 Abs. 5 Kommunalselbstverwaltungsgesetz ähnliches wie in Rheinland-Pfalz.

§§ 65 Abs. 4 und 70 Abs. 2 der sächsischen Gemeindeordnung erlauben die Einrichtung von örtlichen Verwaltungsstellen in Ortschaften und Stadtbezirken.

Nach § 86 Abs. 2 S. 2 der Gemeindeordnung von Sachsen-Anhalt kann in Ortschaften eine örtliche Verwaltung eingerichtet werden.

4. Folgerungen für Länder ohne ausdrückliche Vorschriften über kommunale Verwaltungsuntergliederungen?

Die Vorschriften über Ortschafts- und Bezirksverwaltung sowie über Außenstellen der kommunalen Verwaltung belegen, daß die kommunale Organisationshoheit grundsätzlich auch die Errichtung von Bürgerämtern umfaßt. Ein Gegenschluß für die Kommunalverfassungen anderer Länder, die keine ausdrückliche Zulassung örtlicher Verwaltung enthalten, mit der Konsequenz, daß sie dort nicht erlaubt seien, ist daraus nicht zu ziehen. Zum einen ist aus den Vorschriften einiger Länder

---

[44] § 38 Abs. 2 S. 1 Gemeindeordnung.
[45] § 77 Abs. 1 Gemeindeordnung.

IV. Besondere Vorschriften über Bürgerämter

grundsätzlich keine Rechtsfolge für die anderen Länder abzuleiten, denn es handelt sich jeweils um autonome[46], voneinander getrennte Rechtsetzungssysteme[47]. Zum anderen besteht nach Art. 28 Abs. 2 GG und den entsprechenden Vorschriften der Landesverfassungen grundsätzlich eine Organisationshoheit der Kommunen; das einfachgesetzliche Schweigen zu bestimmten Themen spricht also niemals gegen eine derartige Organisationsbefugnis.

Die Vorschriften über die örtlichen Verwaltungen enthalten gesetzliche Ansätze zur Bildung von Bürgerämtern in örtlicher Dekonzentration und zum Teil auch in Aufgabenkonzentration. Allerdings darf man örtliche Verwaltung nicht stets mit Bürgerämtern gleichsetzen, denn eine örtliche Verwaltung kann auch in der Fachamtsgliederung tätig werden. Sie zeigen zugleich die Vielfalt der dafür bestehenden Errichtungskompetenzen auf; das Zusammenspiel von Gemeindevertretung und Hauptverwaltungsbeamten ist hierbei im einzelnen in Rechtsprechung und Wissenschaft noch nicht hinreichend geklärt. Die Positionen reichen von einer ausschließlichen Organisationsgewalt des Bürgermeisters bis zur abschließenden Bestimmung durch die Gemeindevertretung oder sogar durch den Gesetzgeber. Wegen der ungeklärten und zerklüfteten, ineinander verschränkten Zuständigkeiten dürfte auch hier ein erhebliches, rechtliches Risikopotential bei der Organisation von Bürgerämtern liegen.

---

[46] Die Unterschiedlichkeit der Regelungen beruht auf dem Prinzip autonomer Bundesstaaten; z. B. BVerfGE 33, S. 303, 352.

[47] Insbesondere gilt Art. 3 GG grundsätzlich nur innerhalb eines Rechtsetzers oder Verwaltungsträgers; vgl. z. B. BVerfGE 79, S. 127, 158; 76, S. 1, 73; 32, S. 346, 360 m.w.Nachw.; 21, S. 54, 68; zu den Grenzen z. B. E 33, S. 303, 352; NJW 1994, S. 2410, 2411.

V. Rechtliche Determinanten bei der Ausübung kommunaler Organisationshoheit

Die kommunale Organisationshoheit gibt den Gebietskörperschaften Gestaltungsfreiheit zur Errichtung von Bürgerämtern. Die öffentliche Hand genießt aber niemals Spielräume zur Ausfüllung nach Belieben, sondern allein zur Optimierung ihrer Aufgabenerfüllung[48]. Ein Spielraum ist stets nach der ratio legis zu betätigen. Ferner sind normative Grenzen aus anderen Rechtsgebieten zu beachten. Da Kompetenzvorschriften als formelles Recht kaum ausdrücklich positivierte Normziele aufweisen und weil den Kommunen in verfassungsrechtlicher Gewährleistung eine umfassende Organisationsgewalt zusteht, ergeben sich die rechtlichen Determinanten für die Betätigung ihrer Organisationshoheit nur aus den allgemeinen Zielen der Kompetenzordnung sowie aus den allgemeinen Rechtsgrundsätzen für die Verwaltung. Das führt im Ergebnis zu folgenden rechtlichen Eckpunkten für die Einrichtung von Bürgerämtern:

Die Neuorganisation muß sachlich gerechtfertigt werden[49] durch eine bessere und zweckmäßigere Aufgabenerfüllung. Das rechtsstaatliche Gebot sachlicher Rechtfertigung[50] fordert hier eine zumindest gleiche oder bessere Qualität der kommunalen Dienstleistung als bei früherer Erbringung durch Fachbehörden. Neben der qualitativ einwandfreien Erfüllung der Sachaufgabe in technischer Hinsicht sind hier – grob gekennzeichnet mit dem Stichwort der Demokratie vor Ort – die politischen Zielsetzungen der Gemeinden zu beachten, die sie in demokratischer Legitimation und in verfassungsrechtlicher Verankerung durch Art. 28 Abs. 2 GG durch ihre Gemeindevertretung vorgibt.

Sodann hat sich die Bürgeramtsorganisation den Vorgaben des Rechts zum Daten- und Geheimnisschutz zu stellen. An sich müßte man im einzelnen prüfen, ob die organisations- und verfahrensrechtlichen Konsequenzen hinsichtlich der Grundrechte der Einwohner der Kommune beachtet wurden, denn es ist heute allgemein anerkannt, daß eine Neuordnung von Kompetenzen und Organisationen auf das materielle Recht einschließlich der Grundrechte Einfluß besitzt. In diesem Bereich ist aber von vornherein zu erkennen, daß die Bildung von Bürgerämtern kaum in den Grundrechtsbereich einwirken wird, weil die Zuständigkeit der Gebietskörperschaft, ihr Finanzvolumen u.ä. unverändert bleiben, denn sie strukturiert nur ihren Binnenbereich. In zwei Punkten könnten indes Probleme auftreten:

---

[48] Z. B. Grawert, VVDStRL 36, S. 277, 312 f.
[49] Dazu S. 31 ff.
[50] Vgl. zur „Verwaltungsorganisation als rechtsstaatlichem Gebot" Stern, Staatsrecht, Band I, a. a. O., S. 824, m.w.Nachw.

V. Rechtliche Determinanten bei Ausübung kommunaler Organisationshoheit

Wenn die Bündelung von Verwaltungsaufgaben auf eine Behörde und einen Amtsverwalter die Kenntnis der Kommune über die persönlichen Daten eines Einwohners bei einem einzigen Bediensteten zusammenführt und die Allkompetenz der Bürgerämter eine enge EDV-Vernetzung notwendig macht, sind das Grundrecht auf informationelle Selbstbestimmung und dessen einfachgesetzlichen Ausprägungen gefragt. Sowohl die EDV-Vernetzung zwischen den Arbeitsplätzen im Bürgeramt, zwischen Bürgerämtern untereinander und zwischen Bürger- und Fachämtern[51] als auch die Konzentration des gesamten Wissensbestandes der Kommune auf den Generalisten vor Ort[52] bereiten rechtliche Probleme, die vom Organisationsrecht zu lösen sind.

Ferner sind die Rechtsgrundsätze der Wirtschaftlichkeit und Sparsamkeit in den finanziellen Auswirkungen kommunaler Neuorganisation – auch bezüglich der steuerrechtlichen Effekte – zu beachten[53]. Die Grundsätze der Wirtschaftlichkeit und Sparsamkeit sind als allgemeine verfassungsrechtliche Regel für die gesamte öffentliche Hand vorgegeben und zudem in den Kommunalverfassungsgesetzen eigens für das Haushaltsgebaren der Kommunen positiviert. Sie sind bei einer grundsätzlichen Umstrukturierung der Kommunalverwaltung besonders gefragt, weil Organisationsänderungen für jedes spätere Verwaltungsverfahren nicht mehr zu ändernde finanzielle Kostendaten setzen und sich deshalb auf die gesamten Kommunalfinanzen erheblich und dauernd auswirken.

Bei der Errichtung von Bürgerämtern ist auch die Rechtmäßigkeit des Vorgangs der Umorganisation – vor allem in dienst- und personalvertretungsrechtlicher Hinsicht – zu berücksichtigen[54]. Nicht nur das Ergebnis der Änderung, sondern auch der Veränderungsprozeß selbst unterliegt eigenen Rechtsregeln.

Eine wirtschaftliche Betätigung des Bürgeramts muß sich im Rahmen des Rechts halten, das für die Wirtschaft allgemein und für Kommunen im besonderen gilt. Der Verkauf von Müllsäcken, Verkehrstickets und Eintrittskarten, das Angebot marktgängiger Leistungen und überhaupt die Erbringung von Dienstleistungen gegen Entgelt stellt die Frage, ob das kommunale Wirtschaftsrecht eine derartige Betätigung im Bürgeramt erlaubt. Von rechtlichem Interesse ist dabei vor allem, was sich dabei im Wettbewerb zu privaten Konkurrenten[55] ändert, ob die strukturellen Vorgaben für die kommunale Wirtschaft – sowohl in den Gemeinde- und Kreisordnungen[56], aber auch in den Mittelstandsförderungsgesetzen[57] – hierfür Grenzen ziehen und – zuletzt – welche steuerrechtlichen Fragen[58] dabei aufgeworfen werden.

---

[51] Dazu S. 44 ff.
[52] Dazu S. 53 ff.
[53] Dazu S. 69 ff. u. S. 82 ff.
[54] Dazu S. 63 ff.
[55] Zu GWB und UWG s. S. 69 ff.
[56] Dazu S. 72 ff.
[57] Dazu S. 79 ff.
[58] Dazu S. 82 ff.

VI. Sachliche Rechtfertigung der Umorganisation

1. Eignung der Aufgaben zur Erfüllung vor Ort

*a) Mündliche Verfahren und einfache Verwaltungsprodukte
ohne Drittbeteiligung oder aufwendige Ermittlungen*

Eine Sachlegitimation zur Bildung von Bürgerämtern liegt vor, wenn die Dienstleistungen der Kommune dort qualitativ besser oder schneller erledigt werden können. Als Minimum ist zu fordern, daß sich die Qualität der Verwaltungsleistung durch die Neuordnung nicht verschlechtert. Die Konzentration von Aufgaben und Zuständigkeiten in einem Bürgeramt läuft darauf hinaus, daß vor Ort eine Person die gesamten Aufgaben des Bürgeramts gegenüber dem Einwohner erledigt. Soweit dort Anträge weiterzuleiten oder präfabrizierte Realleistungen wie Eintrittskarten, Müllsäcke usw., auszugeben sind, besteht kein Zweifel, daß Bürgerämter hierfür geeignet sind. Für rechtliche Leistungen der Verwaltung taugt das Bürgeramt jedoch nur bei unkomplizierten, weitgehend im voraus abschließend zu steuernden Massenverfahren und -verwaltungsakten, die von einfachen Rechtsregeln gesteuert werden und weder aufwendige Ermittlungen noch eine Beteiligung Dritter erfordern. Sobald eine Ermittlung von Sachverhalten außerhalb des Amtes notwendig ist, wenn in förmlichen Verfahren dritte Stellen mitwirken müssen, wenn die Zustimmung anderer Bürger erforderlich wird oder wenn diffizile Ermessensentscheidungen mit entsprechender Begründungslast der Behörde[59] anzustellen sind, eignen sich Bürgerämter nicht mehr, weil die Verfahren dort schnell vor Ort durch einen Kommunalbediensteten durchgeführt und beendet werden. Bei Ermessensleistungen sind oft Fachkenntnisse notwendig, werden umfangreiche Faktenermittlungen und deren Bewertung sowie Begründungen erforderlich, die im Bürgeramt selbst seltener vorgenommen werden können. Förmliche Verwaltungsverfahren[60] oder Vorgänge, die unter der Voraussetzung einer Zustimmung Dritter stehen und umfangreiche Verfahren – vor allem im Bereich des Sozial-, Ausländer-, Gewerbe-, Umwelt- und Technikrechts[61] – können von einer einzigen Person im mündlichen Verfahren und in der gebotenen Schnelligkeit nicht mehr betrieben werden. Am besten eignet sich ein Bürgeramt für mündliche Verwaltungsverfahren, allenfalls Antragstellung und -bescheidung können dort in Schriftform erfolgen.

---

[59] § 39 Abs. 1 S. 3 VwVfG.
[60] Z. B. Verfahren nach §§ 63 ff. VwVfG.
[61] Vor allem die Verfahren nach §§ 71 a ff. und 72 ff. VwVfG.

VI. Sachliche Rechtfertigung der Umorganisation

b) Einfache Rechtslage

Sobald komplizierte Rechtsgebiete aus sich überschneidenden Normenkomplexen zu prüfen sind, ist es dem auf mehreren Aufgabenfeldern geschulten, aber weniger spezialisierten Sachbearbeiter vor Ort nicht mehr möglich, das ganze Geschehen in der vom Rechtsstaat geforderten Qualität zu beherrschen. Es ist z. B. für den Mitarbeiter weder möglich, das gesamte Sozialversicherungsrecht neben den üblichen Rechtsgebieten des kommunalen Alltags zu überblicken, noch kann es ihm gelingen, in der aktuellen Rechtsprechung und in den z. Zt. gültigen fachministeriellen Verwaltungsanweisungen auf dem laufenden zu bleiben und sie in der Kürze des mündlichen Kontakts im Bürgeramt abschließend und abgewogen anzuwenden. Hier besteht die Gefahr fehlerhafter oder unvollständiger Rentenauskünfte oder Antragstellungen[62], teilweise sogar fehlerhafter Entscheidungen[63]. Die Organisation im Bürgeramt tendiert zwangsläufig zur Produktion fehlerhafter Verwaltungsprodukte. Das begründet u. a. für die Kommunen ein Haftungsrisiko wegen materieller Verwaltungsfehler[64] oder aus Organisationsverschulden[65]. Auf der anderen Seite ist bei den vorprogrammierbaren Massenverfahren geringer Komplexität ein einheitliches Verwaltungshandeln in den unterschiedlichen Gebieten als Vorteil zu buchen, weil dieselbe Person in den verschiedenen Aufgabenbereichen entscheidet.

c) Qualität und Schnelligkeit

Daß ein Bediensteter die Verfahren abschließend und selbständig bearbeitet, dürfte zu einer höheren Zufriedenheit des Personals führen und insgesamt die Qualität der Verwaltungsprodukte aus einem Bürgeramt steigern. Grundsätzlich ist bei diesen überschaubaren Verfahren auch mit der gleichen Schnelligkeit in Bearbeitung und Abschluß zu rechnen wie bei deren Erledigung in einer Fachbehörde. Sobald Dritte eingeschaltet werden müssen – z. B. die Bundesdruckerei bei der Ausgabe von Pässen und Personalausweisen – entfällt dieser Vorteil jedoch. Insgesamt dürfte also die Qualität der Verwaltungsprodukte aus einem Bürgeramt besser ausfallen, sofern man sich auf präfabrizierte, unkomplizierte Massenverfahren ohne Beteiligung Dritter und ohne aufwendige Ermittlungs-, Prognose- oder Ermessensfragen konzentriert. Wenn Bürgerämter nicht nur die Aufgabenkonzentration verfolgen, sondern in einer Gemeinde zugleich als Stadtteilämter die Dekonzentration in der Fläche anstreben, benötigt man für das einheitliche Verwaltungshandeln

---

[62] Zur Amtspflicht bei der Auskunftserteilung z. B. BGH, NJW 1984, S. 1338; NVwZ 1986, S. 76 f.; 1987, S. 258, 259; bei Antragstellung z. B. NJW 1985, S. 2817.

[63] Zur Amtspflicht rechtmäßiger Entscheidung z. B. BGH, NJW 1993, S. 2302, 2304.

[64] Das Haftungsrecht geht davon aus, daß „jeder Beamte die zur Führung seines Amtes notwendigen Rechts- und Verwaltungskenntnisse besitzen oder sich verschaffen" muß; BGH, NJW 1989, S. 976, 978.

[65] Zum Organisationsverschulden als Haftungsgrund z. B. BGHZ 113, S. 367, 371 f.

zwischen den Bürgerämtern jedoch wieder einen erheblichen internen Abstimmungsbedarf; das schlägt gegenüber Fachämtern wohl auch in der Qualität der Verwaltungsprodukte negativ zu Buche, denn Friktionen in der Rechtsanwendung werden wahrscheinlicher.

d) Bedarf des Bürgers an Aufgabenkonzentration

Die Zusammenfassung verschiedener Kompetenzen der Kommune in einem Bürgeramt soll – wenn man das Konzept aus der Perspektive des Bürgers beurteilt – den Service für ihre Einwohner verbessern. Das Fachamtsprinzip wird in der Erwartung aufgegeben, daß die Einwohner an einer Erledigung aller Daseinsvorsorgeleistungen in einer einzigen Behörde interessiert sind. Die Vermutung eines derartigen Bedarfs wird bei unübersichtlicher Zuständigkeitsregelung oder bei zerklüfteter Organisation einer Kommune zutreffen. Sofern die Kommune aber ihren Service bereits in wenigen, klar gegliederten Fachämtern anbietet, steht die Bedarfsvermutung auf schwächeren Füßen. Dann könnte sie sich noch darauf stützen, daß der Einwohner in der Regel mehrere Leistungen zur gleichen Zeit von der Kommune begehrt und das aufgabenkonzentrierte Bürgeramt ihm dann das zeitaufwendige Wandern von Fachamt zu Fachamt erspart. Die Bedarfssituation stellt sich im Regelfall jedoch anders dar: der Einwohner tritt nicht mit mehreren Wünschen, sondern nur mit einem einzigen Antrag an die Kommune heran. Dafür bedarf es aber keiner Aufgabenkonzentration im Bürgeramt; es genügt die bisherige Fachämterorganisation, sofern sie im Aufbau und in der Kompetenzverteilung für den Bürger erkennbar und verständlich ist, weil der Bürger sogleich zum zuständigen Fachamt gehen kann. So sind z. B. in Heidelberg – der Stadt mit den bisher ausgedehntesten und literarisch im Fünfjahresbericht niedergelegten Erfahrungen mit Bürgerämtern – für 200.032 Besucher insgesamt 229.387 Fälle bearbeitet worden[66]; danach stellten allenfalls 29.344 Besucher zwei Anträge. (Falls sie mehrere Leistungen beanspruchten, würde die Zahl der Mehrfachleistungen weiter sinken.) Der Bedarf nach einer Aufgabenkonzentration bestand demnach nur für 12,8 % der Besucher. Die Regelnachfrage rechtfertigt also kaum die Aufgabenkonzentration. Sie müßte sich noch durch andere Vorteile aus der Perspektive der Kommune und ihrer Mitarbeiter legitimieren.

2. Änderungen in der Verwaltungssteuerung

Die Einhaltung der politischen Vorgaben der Gemeindevertretung und der Hauptverwaltungsbeamten wird sich bei Bürgerämtern lockern. Zwar sind die Zugriffsmöglichkeiten von Gemeinderat und Bürgermeister rechtlich unverändert vorhanden, durch die Konzentration der Aufgaben auf jeweils einen Verwaltungs-

---

[66] Stadt Heidelberg, Bürgeramt-Fünfjahresbericht 1992 - 1996, S. 13.

bediensteten werden aber die Überschaubarkeit der Verwaltungsrealität vor Ort sowie die tatsächlichen Einflußmöglichkeiten für politische Gemeindeorgane gegenüber einer fachbehördlichen Organisation sinken. Für die einzelne Aufgabe und ihre Erfüllung finden diese Gemeindeorgane nicht mehr eine Fachbehörde mit umfassender Kenntnis des Sachstandes im gesamten Gemeindegebiet als Ansprechpartner vor, sondern eine Vielzahl von Bediensteten, die eine Fülle von Aufgaben zugleich betreuen. Das Bürgeramt wird wegen der Vielfalt seiner Aufgaben weniger sensibel auf die politische Steuerung einzelner Fachaufgaben durch die Gemeindeorgane reagieren können. Im Einzelfall kann die Neuorganisation sogar verhindern, daß bestimmte Angelegenheiten zur „Chefsache" erklärt werden, weil der Bürger erwartet, daß er vor Ort schnell bedient wird. Die Bürgerämter werden nur bestimmte Typen von Verwaltungsprodukten auf dem geforderten Niveau liefern können.

3. Erhöhung des Abstimmungsbedarfs, Aufspaltung der Aufgabengebiete

a) Erhöhter Bedarf an Binnenkoordination

Die Binnenkoordination der Kommunalverwaltung wird bei Bürgerämtern aufwendiger[67]: Zum einen entsteht zwischen Bürgerämtern und ihren Bediensteten ein erhöhter Abstimmungsbedarf, denn die Sicherstellung einheitlichen Verwaltungshandelns verlangt ebenfalls eine permanente Information zwischen den Bediensteten untereinander im Bürgeramt. Entsprechende Sitzungen in regelmäßigen Zeitabständen sind kaum zu vermeiden. Zum anderen begründet es einen weiteren Koordinationsbedarf zwischen Bürgeramt und dahinterstehender Fachbehörde.

b) Problem der Doppelkompetenzen

Die Fachbehörde verliert allmählich den Überblick über die alltäglichen Verwaltungsvorgänge ihres Gebietes, denn nur die besonderen und komplizierten Verfahren werden weiter von ihr geführt und entschieden. Generell werden schriftliche, umfangreiche und bedeutende Verfahren weiterhin von der Fachbehörde durchgeführt und nur die mündlichen, unkomplizierten Vorgänge im Bürgeramt erledigt. Das führt zu einer Aufspaltung des jeweiligen Aufgabengebiets auf mehrere Behörden. Diese Doppelkompetenz kann sogar einen Bruch materiellen Verwaltens auf einem identischen Rechtsgebiet zwischen Bürger- oder Fachamt verursachen. Diese Gefahr erhöht sich bei einer Dekonzentration in der Fläche, denn Parallelzuständigkeiten können zu unterschiedlichen Entscheidungen führen. Es wäre für die rechtsstaatliche Aufgabenerfüllung fatal, wenn der wendige Bürger sich für seine Wünsche nicht mehr des nächsten, sondern des seinem Antrag geneigtesten, groß-

---

[67] Grawert, VVDStRL 36, 277, S. 323.

VI. Sachliche Rechtfertigung der Umorganisation

zügigsten Bürgeramts bediente, d. h. die Bürgeramtsstruktur ausnützen könnte, um den Inhalt der Entscheidung zu beeinflussen. Auch um diesen Gefahren zu begegnen, sind regelmäßige Abstimmungssitzungen notwendig. Eine interne Hierarchie für die Durchführung und Beaufsichtigung der jeweiligen Fachaufgabe muß weiter bestehen.

c) Nachteile von Doppelkompetenzen für den Bürger

Bei manchen Verwaltungsleistungen ist zu befürchten, daß der Bürger wegen der notwendigen Aufteilung in die unkomplizierten Verfahren des Bürgeramts und in die komplexeren und aufwendigeren der Fachbehörde verunsichert und erneut zeitlich belastet wird, wenn er bei identischen Materien an unterschiedliche Behörden verwiesen wird: Wenn der Antragsteller für eine Genehmigung vom Bürgeramt zum Fachamt geschickt wird, weil in seinem Fall die Zustimmung eines Dritten notwendig ist, schwindet der Vorteil eines Bürgeramtes rasch dahin. Ebenso wird die Vorstellung vom einzigen und schnellen Behördengang zur Erlangung eines Kfz-Kennzeichens enttäuscht, wenn ihm das Bürgeramt nur das normale Kennzeichen ausgeben kann, der Bürger aber für rote, grüne oder Zeitkennzeichen sowie beim Wunsch nach einer besonderen Buchstaben- und Ziffernkombination wieder an die Fachbehörde verwiesen wird. Um die Überschaubarkeit in den Zuständigkeiten und damit den Vorteil eines Bürgeramtes zu erhalten, sollte man ein gesamtes Verwaltungsprodukt entweder in toto dem Bürgeramt zuordnen oder überhaupt nicht in die Aufgabenkonzentration einbeziehen.

Letztlich bewirkt die Aufgabenkonzentration nach außen eine Geschlossenheit des kommunalen Service, muß aber im Binnenbereich mit einer komplizierteren Struktur erkauft werden. Diese Probleme verstärken sich bei der Dekonzentration in der Fläche auf mehrere, parallel zuständige Bürgerämter.

4. Legitimation durch „Bürger-Nähe"?

a) Konturenlosigkeit des Schlagworts

Politisch werden die Bürgerämter wegen ihrer „Bürgernähe" eingerichtet. Ob darin wirklich eine sachliche Legitimation für eine Umstrukturierung der Kommunalverwaltung liegt, ergibt sich erst nach einer Definition des politischen Schlagworts der „Bürgernähe". Hier gerät in der administrationspolitischen Diskussion noch vieles durcheinander. Weder ist klar, wer als „Bürger" zur Zielgruppe zählt, noch ist man sich darüber einig, was unter „Nähe" zu verstehen ist.

b) Nähe zum rechtsunkundigen Einwohner

Welchem Bürger will man die kommunalen Leistungen nahe bringen? Mit dem Schlagwort[68] der Bürgernähe hatte man früher eine ganz andere Zielsetzung, nämlich die Partizipation des „Stimm"-Bürgers an den demokratischen Entscheidungen in der Gemeinde – also seine Anhörungs-, Antrags- oder Mitbestimmungsrechte – erfaßt[69]. Heute will man das Angebot an kommunalen Dienstleistungen näher an den Leistungsempfänger rücken und folgt eher einer Vorstellung vom Bürger als dem „Kunden" der Verwaltung[70]. Weil aus dieser Perspektive alle Nachfrager von kommunalen Dienstleistungen ohne Rücksicht auf ihr allgemeines Rechtsverhältnis zur Kommune erfaßt werden, besteht dann der Adressatenkreis, an den sich Bürgerämter wenden, aus allen Einwohnern. Man müßte also eher von „Einwohner-Nähe" sprechen.

Der Begriff dürfte so aber andererseits wieder zu weit geraten, denn nur ein Teil der Einwohner besitzt ein Interesse an einem umfassend zuständigen Bürgeramt. Vielen Leistungsempfängern ist mit einem begrenzt kompetenten, aber dafür fachkundigeren und spezialisierten Fachamt mehr gedient. Den rechtsunkundigen Normaleinwohner bedient ein Bürgeramt in seinen Alltagsangelegenheiten mit einer umfassenden Betreuung am besten, während das Gewerbe, die Freien Berufe oder die Industrie- und Dienstleistungsbetriebe ein professionelles Interesse an fachkundiger, spezieller Beratung und Entscheidung haben. Ihnen ist an einer umfassenden Information und an einer profunden Entscheidung in allen Zweifelsfragen einer Verwaltungsmaterie eher gelegen. Es wird sich kaum ein Gewerbetreibender zur Beratung in Fragen der Wirtschaftsaufsicht oder über Subventionen in ein Bürgeramt begeben, das ihm zwar auch andere Leistungen anbietet, für die gerade gewünschte Auskunft aber allenfalls die zuständige Fachbehörde nennen kann. Nicht bei jedem Einwohner besteht ein Interesse an Aufgabenkonzentration im Bürgeramt, sondern nur beim Privatmann, der ohne Rechts- und Fachkunde gelegentlich und in alltäglichen Angelegenheiten mit seiner Kommune in Kontakt tritt. Alle anderen Einwohner sind mit Fachämtern besser bedient. Die geeignete Zielgruppe für ein Bürgeramt sind folglich die Einwohner der Kommune außerhalb ihrer professionellen Tätigkeiten. Darauf sollte sich ein „bürgernahes" Amt konzentrieren.

c) Neue Probleme für das örtliche Gewerbe

Folgen Bürgerämter überdies noch der Konzeption einer Dekonzentration in der Fläche, so wird das Problem ihrer Zielgruppe noch deutlicher. Die professionelle Nachfrage der Wirtschaft nach kommunalen Leistungen ist in der Regel an einem Amt mit Zuständigkeit für das ganze Gebiet der Kommune interessiert. Eine Bau-

---

[68] Zur Konturenlosigkeit des Begriffs z. B. Grawert, VVDStRL 36, S. 277, 316.
[69] Grawert, VVDStRL 36, S. 277, 315 f.
[70] Dazu kritisch Laux, AfK 1995, S. 229, 246.

VI. Sachliche Rechtfertigung der Umorganisation 35

firma will Straßenbenutzungserlaubnisse für ihre über das Stadtgebiet verstreuten Bauvorhaben nicht jeweils im örtlich zuständigen Stadtteilamt, sondern zentral bei einer Fachbehörde beantragen und erhalten. Die Dekonzentration in mehrere Bürgerämter würde sie entgegen der politischen Zielsetzung erst zu mehreren Behördengängen veranlassen. Das Autohaus erledigt seinen Bedarf an Kfz-Zulassungen günstiger und zeitsparender bei einer zentralen Zulassungsstelle, statt die Behördengänge nach den Wohnsitzen ihrer Kunden jeweils in mehreren Stadtteilämtern antreten zu müssen. Die Aufgabenkonzentration im Bürgeramt erweist sich in Teilbereichen kommunaler Dienstleistungen für bestimmte Zielgruppen als vorteilhaft, während sich die Dekonzentration in der Fläche allenfalls für den Privatmann, nicht aber für die Wirtschaft im Gemeindegebiet lohnt. Hier kehrt sich der eventuelle Vorteil mehrerer, dekonzentrierter Bürgerämter ins Gegenteil einer Lästigkeit für den Antragsteller um.

Die Kommunen haben dieses Problem bereits erkannt: Sie dekonzentrieren Bürgerämter zwar räumlich auf Stadtteile, erklären sie aber für alle Verwaltungsaufgaben im gesamten Kommunalgebiet für zuständig. So gewinnen dekonzentrierte Bürgerämter wieder den Charakter einer zentralen Anlaufstelle. Diese raumübergreifenden Parallelzuständigkeiten führen aber zu vermehrtem Abstimmungsaufwand und zu völliger Vernetzung aller Bürgerämter im EDV-Wesen. Sie müssen in Gewerbegebieten für ihre professionelle Kundschaft größer dimensioniert werden. Das wird letztlich zur Preisfrage der Vorhaltekosten bei Personal- und Sachmitteln und zum Ausbildungsproblem, weil die Wirtschaft nach dem umfassend sach- und rechtskundigen Fachmann verlangt, der auch in komplizierten und seltenen Fragen Antwort gibt. Will man dekonzentriert Laien- und Fachpublikum bedienen, führt das schnell zur Dekonzentration in parallel zuständige Fach- statt in Bürgerämter. Einige Kommunen verzichten deshalb für ihre professionelle Kundschaft auf Bürgerämter und kehren bereits wieder zum Fachamtsprinzip zurück[71].

d) Sachnähe in persönlicher Beratung statt räumlicher Nähe

Viel Unheil hat der Begriff der Bürger- „Nähe" in der politischen Praxis angerichtet, weil man ihn vordergründig als geographische Nähe zwischen Wohnsitz des Einwohners und Standort des Bürgeramtes verstand. Frido Wagener hat bereits 1982 vor dieser kurzsichtigen Interpretation gewarnt und vorgeschlagen, statt dessen den Begriff der „Anliegensgerechtigkeit" zu verwenden[72]. Nur in einigen Fallgruppen ist die kürzeste Strecke zur Behörde von Interesse. Sie ist bei flächenmäßig sehr ausgedehnten Kommunen, vor allem im ländlichen Gebiet, von Bedeutung. In der Regel liegt der Vorteil der Bürgernähe in der Nähe des Amtes zu allen Aufgaben, die für den Bürger zu lösen sind, und der Person des Bediensteten zum Einwohner, mit dem er im persönlichen Gespräch schnell und ohne die Gefahr von

---

[71] Z. B. Stadt Heidelberg, Bürgeramt – Fünfjahresbericht 1992 - 1996, S. 4.
[72] Wagener in: VVDStRL 41, S. 272; ders., DÖV 1983, S. 745 m.w.Nachw.

Mißverständnissen seine Angelegenheiten klären kann. Gefragt ist also Aufgabenkonzentration, Sachwissen und persönliche Beratung aus einer Hand, nicht aber geographische Nähe.

e) Leichte Erreichbarkeit statt kurzer Entfernung

Es ist unsinnig, in Städten im Abstand von 500 m Bürgerämter zu errichten; kein Kaufhaus würde sein Angebot in einer derartig dichten Reihe von Niederlassungen anbieten, obwohl es zur Gewinnerzielung kundenorientiert vorgeht. Der durchschnittliche Einwohner kommt gerade in größeren Kommunen durch den individuellen oder den öffentlichen Personennahverkehr schneller über größere Strecken in ein einziges Bürgeramt als zu Fuß über eine kleinere Entfernung in sein Stadtteilamt. Ihm ist in der Regel an einer schnellen und bequemen Erreichbarkeit des Amtes gelegen, nicht aber an der Kürze eines Fußmarsches. Der weitere Weg mit Bus und Straßenbahn ist für ihn oft bequemer als der kürzere zu Fuß[73]; das gilt insbesondere, wenn das Bürgeramt einer Kommune an Stellen plaziert wird, die er ohnehin aus geschäftlichen, kulturellen oder Freizeitgründen aufsuchen muß. Deshalb sollte die Devise eher lauten „Das Bürgeramt neben das Einkaufszentrum!" als „Bürgerämter in jedes Wohnviertel!". Auch für Körperbehinderte, bei denen die Wegstrecke zur Behörde eine größere Rolle spielt, ist der Parkplatz vor dem Bürgeramt wichtiger als die Entfernung zum Stadtteilamt. Da z. B. Fahrzeuge zur Zulassung nach § 23 Abs. 4 S. 5 StVZO bei der Zulassungsbehörde vorzuführen sind, würde es einer leichteren und besseren Einwohnerbetreuung geradezu widersprechen, wenn man Bürgerämter nach der kürzesten Erreichbarkeit zu Fuß in die Stadtteile verlegte, statt diese Komponente unberücksichtigt zu lassen und dafür in einem Außenbezirk Parkplätze für den Antragsteller im einzigen Bürgeramt der Stadt zur Verfügung zu stellen. (Die andere mögliche Lösung einer Befreiung von der Vorführpflicht des Fahrzeugs bei der Zulassung mindert die aufsichtsrechtlichen Überwachungsmöglichkeiten und verzichtet entgegen der ratio legis des § 23 Abs. 4 S. 5 StVZO generell auf die Vorführung.)

Dieses Mißverständnis einer Bürgernähe als kürzester Fußwegentfernung beim Behördengang ist oft das Motiv zur Dekonzentration der Bürgerämter in der Fläche. Einige Kommunen spüren die mangelnde Tragfähigkeit dieser Argumentation und verweisen neuerdings darauf, daß Stadtteilämter zumindest den Individualverkehr in den Kommunen verringern könnten. Dieser Hinweis dürfte kaum zutreffen. Im gewerblichen Bereich führt die Dekonzentration – wie gezeigt – eher zu vermehrten Fahrten. Der Privatmann wird die Benutzung eines eigenen Fahrzeugs oder öffentlicher Verkehrsmittel nach deren Verfügbarkeit und Bequemlichkeit, nicht nach der Wegstrecke entscheiden und wählt eher das entferntere Bürgeramt mit der guten Busverbindung oder mit Parkplatz. Ein gutes Bus- oder Straßenbahn-

---

[73] Allg. zum heute wegen der besseren Kommunikations- und Verkehrsmittel geringeren Stellenwert räumlicher Entfernungen zur Verwaltung Wagener, DÖV 1983, S. 745, 747.

VI. Sachliche Rechtfertigung der Umorganisation 37

system bewältigt auch den Verkehr zum einzigen Bürgeramt einer Stadt; wenn ein einziges Bürgeramt an einem vom Publikum aus anderen Gründen gut besuchten Platz liegt, z. B. neben einem Einkaufszentrum, tritt überhaupt kein Zusatzverkehr auf, weil der Bürger seine Angelegenheiten im Amt buchstäblich im Vorübergehen erledigen kann.

f) Leichtere Erreichbarkeit durch andere Maßnahmen

Das Stichwort der Erreichbarkeit zeigt allerdings ein anderes Verbesserungspotential für den kommunalen Service außerhalb der Organisation der Ämter auf. Für Arbeitnehmer sind Behörden in erster Linie wegen ihrer an den allgemeinen Arbeitsstunden orientierten Öffnungszeiten schlecht erreichbar; eine Verminderung der Öffnungszeiten aus betriebsinternen Gründen verschärft dieses Problem. Deshalb wäre ein Erfolg hinsichtlich der Erreichbarkeit der Kommune leichter und durchschlagender zu erzielen, wenn man die Öffnungszeiten der Ämter über die allgemeinen Arbeitszeiten hinaus in die Abendstunden oder auf Samstage erstreckte oder einen Telefonservice – eventuell sogar rund um die Uhr – zur schnellen, mündlichen Klärung von Rechtsfragen einrichtete, Abfragemöglichkeiten für Kommunalleistungen durch Fax on-demand oder im Internet vorsähe oder den Fernabruf bürgerverständlicher Formulare anböte. Diese Überlegungen treffen sicherlich keine abschließende Aussage pro oder contra Bürgeramt; sie belegen aber, daß der Weg zum Bürger oft mit anderen Mitteln, weniger aufwendig, aber mit gleicher Effektivität beschritten werden kann.

5. Partieller Rückzug aus der Kommunalreform durch Veränderung der Binnenorganisation

In den Siebziger Jahren wurde in den damaligen Bundesländern der Bundesrepublik Deutschland eine Kommunalreform durchgeführt. Als Gebietsreform löste sie kleinere Kommunen unterhalb einer bestimmten Einwohnerzahl[74] zugunsten größerer Einheiten auf. So verloren diese Bundesländer 2/3 der kreisangehörigen Gemeinden und 42% der Kreise[75]; von 1968 bis 1978 fiel die Zahl der kreisangehörigen Gemeinden von 24.282 auf 8.518, die der kreisfreien Städte von 139 auf 72 und die der Landkreise von 425 auf 235[76]. Ähnliches ereignete sich zu Anfang der Neunziger Jahre in den neu hinzugekommenen Bundesländern[77]. Als Ziel[78]

---

[74] Siedentopf, DVBl. 1975, S. 13, 14.

[75] Schink, DVBl. 1983, S. 1165.

[76] Engelhardt, Gunther/Brockmann, Gerd/Rosenfeld, Martin/Thiede, Wolfgang, Finanzwirtschaftliche Folgen kommunaler Gebiets- und Funktionalreformen, 1986, S. 13, FN 1; Seewald in: (Hrsg.) Steiner, Besonderes Verwaltungsrecht, 5. Aufl. 1995, S. 48.

[77] Dazu z. B. Schmidt-Eichstaedt, AfK 31 (1992), S. 1, 3 ff.

[78] Die Ziele waren im Bundesgebiet einheitlich; Wagener, DÖV 1983, S. 745, 746.

dieser Gebietsreform strebte man eine Erhöhung der Leistungsfähigkeit und Verwaltungskraft der Kommunen, die Stärkung ihrer Autonomie sowie eine Steigerung der Effizienz, Wirtschaftlichkeit und Effektivität ihrer Aufgabenerfüllung an[79]. Der Weg zu diesen hochgesteckten Zielen bestand in der Schaffung kommunaler Einheiten größeren Zuschnitts; daß dabei historisch gewachsene Gebietszugehörigkeiten und alte Selbstverwaltungskörperschaften aufgelöst wurden, nahm man als unvermeidlichen Verlust hin.

Neben[80] diese Gebiets- trat die Funktionalreform: sie sollte durch Verlagerung und Konzentration der Verwaltungsaufgaben „nach unten", d. h. durch Herabzonung auf die Kommunalebene, den identischen Zielen[81] – einschließlich einer größeren „Bürgernähe"[82] bei der Aufgabenerfüllung – dienen. Da die entstehenden größeren Kommunen u. a. mehr Verwaltungskraft wegen der besseren Verfügbarkeit von Spezialisten für die einzelnen Aufgaben erhielten, hielt man eine Verlagerung von Kompetenzen auf die Kommunen für möglich und angezeigt. Allen Akteuren war bekannt, daß größere Kommunaleinheiten und großflächigere Kommunalgebiete zu zentralen Verwaltungseinheiten[83], zur wachsenden Distanz zum Bürger zugunsten sachkundiger Verwaltungsentscheidungen durch Spezialisten[84] in Fachbehörden und zu längeren Wegen der Bürger bei der Erledigung von Behördengängen führen würden[85]. Man nahm diese Nachteile in Kauf[86], weil die Stärkung der Autonomie und die Verbesserung der Verwaltungskraft vorrangig erschienen; vor allem verstand man „Bürgernähe" nicht als räumlich naheliegende, sondern als bürgergeneigte, fachkundige Verwaltung, die den Anliegen und Problemen der Bürger gerecht werden kann[87].

Die Einrichtung von Bürgerämtern faßt Aufgabenbereiche der Fachbehörden wieder an einem Arbeitsplatz zusammen; ihre Dekonzentration führt erneut zu kleinräumiger Verwaltungsorganisation vor Ort. Die Einrichtung mehrerer Bürgerämter in einer Kommune splittet die Verwaltung wieder in kleinere Einheiten auf. Spätestens wenn die heutigen Stadtteile, die aus der Eingemeindung früher selbständiger Kommunen entstanden sind, jeweils eigene Bürgerämter erhalten, drängt sich die Frage auf, ob das Konzept der Bürgerämter bei der Dekonzentration in der

---

[79] Zu diesen Zielen z. B. Schink, DVBl. 1983, S. 1165 u. 1174; Wagener, DÖV 1983, S. 745, 746 u. 748; Mäding, DÖV 1967, S. 325; Köstering, DÖV 1985, S. 845 ff.; Seewald, a. a. O.

[80] Zur Frage isolierter oder verbundener Betrachtung von Gebiets- und Funktionalreform vgl. z. B. Engelhardt / Brockmann / Rosenfeld / Thiede, a. a. O., S. 14 ff.

[81] Zu den Zielen der Funktionalreform z. B. Köstering, DÖV 1985, S. 845 ff.

[82] Z. B. Schink, DVBl. 1983, S. 1165, 1174; Köstering, DÖV 1985, S. 845, 847 u. 849.

[83] Z. B. Köstering, DÖV 1985, S. 845 ff.

[84] Zu diesem Reformziel z. B. Schmidt-Eichstaedt, AfK 91 (1992), S. 1, 2.

[85] Z. B. Wolff, Hans-J. / Bachof, Otto / Stober, Rolf, Verwaltungsrecht II, 5. Aufl. 1987, S. 42.

[86] Schmidt-Eichstaedt, AfK 31 (1992), S. 1, 2.

[87] Wagener, DÖV 1983, S. 745 m.w.Nachw.

VI. Sachliche Rechtfertigung der Umorganisation

Fläche nicht die Kommunalreform und ihre Ziele konterkariert, obwohl jene damals mit großem Aufwand durchgeführt wurde und ihre Zielsetzungen so wichtig erschienen, daß man die gesamte Kommunalstruktur vollständig umkrempelte.

Das Reformziel gesteigerter Verwaltungskraft durch Bildung größerer Kommunen wird vom Bürgeramt insoweit nicht berührt, da es wie jede Behörde seiner Kommune mit höherer Personal-, Finanz- und Organisationskraft angehört. Mit der Bildung größerer Kommunen verband die Kommunalreform jedoch auch Vorstellungen von der Einrichtung größerer, zentraler Verwaltungseinheiten in der Kommune[88], zur Rationalisierung der Administration[89], von der Einstellung von Spezialisten, die effizienter als „Allround"-Kräfte verwalten können[90], und vom Abbau bisheriger kleinräumiger „Doppelzuständigkeiten"[91]. Mehrere Bürgerämter in einer Kommune führen diese Parallelzuständigkeiten wieder gezielt herbei; sie laufen der Rationalisierung der Verwaltungsabläufe teilweise zuwider, denn sie verteilen sie erneut auf verschiedene Ämter, Dienstposten und Personen. Auch geht man den Weg zur Reform wieder zurück, wenn man den damals gewünschten Spezialisten jetzt durch den Generalisten ersetzt, der vor Ort alle Aufgaben erledigt. Für die Kommunalreform galt der Satz: „Die Breite der heutigen Daseinsvorsorge und die Vielfalt der Gemeindeaufgaben fordern den Einsatz von Spezialisten"[92]. Dieser Effekt läßt sich zwar abmildern, indem man nur einfache Verwaltungsfälle im Bürgeramt erledigt und die komplexeren wie bisher dem Fachamt zuweist oder wenn man streitige Fälle stets im Fachamt entscheidet; man hat aber dafür den Preis gespaltener sachlicher Zuständigkeiten und vermehrten Abstimmungs- und Schulungsbedarfs zu entrichten. Letztlich entsteht in der Kommune ein dreistufiger Verwaltungsaufbau aus den Ebenen der Hauptorgane, der Fachämter und der Bürgerämter. Vor allem das Konzept parallel zuständiger Bürgerämter, d. h. einer Dekonzentration in der Fläche, widerspricht zum Teil den grundlegenden Zielen der Kommunalreform.

Allein der Befund, daß die Einrichtung von Bürgerämtern die Ergebnisse der Kommunalreform durch Änderung der Binnenorganisation partiell zunichte macht, führt allerdings nicht zur Rechtswidrigkeit der Umorganisation – Konzepte dürfen sich widersprechen, können aufgegeben werden, könnten sogar im ursprünglichen Entwurf der Reform falsch gewesen sein. Die damals herrschende Ansicht von der Notwendigkeit und den Vorteilen der Reform, der erhebliche parlamentarische, administrative, personelle und finanzielle Aufwand für ihre Durchsetzung sowie der dafür in Kauf genommene Verlust der gesamten, historisch gewachsenen Kommunallandschaft begründen jedoch einen erheblichen Legitimationsbedarf für eine den früheren Vorstellungen und Taten widersprechende Binnenorganisation. Eine

---

[88] Z. B. Köstering, DÖV 1985, S. 845, 847.
[89] Seewald, a. a. O.
[90] Schmidt-Eichstaedt, AfK 31 (1992), S. 1,2; Wagener, DÖV 1983, S. 745, 747.
[91] Z. B. Köstering, DÖV 1985, S. 845, 847.
[92] Wagener, DÖV 1983, S. 745, 747.

VI. Sachliche Rechtfertigung der Umorganisation

partielle „Kehrtwendung um 180 Grad" ist nicht im schnellen Hinweis auf eine – als Entfernungskriterium mißverstandene[93] – „Bürgernähe" zu rechtfertigen; hier müssen gewichtigere Argumente das Konzept und seine Durchführung sachlich legitimieren. Bisher sind von den Kommunen dafür aber allenfalls Ansätze angeboten worden, die keinesfalls das Gesamtkonzept tragen.

---

[93] Wagener, DÖV 1983, S. 745 ff.

VII. Die Gewährleistung der Rechtmäßigkeit der Aufgabenerfüllung

Die Errichtung von Bürgerämtern trifft in zweierlei Hinsicht auf rechtliche Vorgaben zum Daten- und Geheimnisschutz: Zum einen erfordert die kommunale Umorganisation eine umfangreiche Vernetzung der EDV-Anlagen sowohl von Fach- und Bürgerämtern als auch der Bürgerämter untereinander; andererseits kann die Aufgabenkonzentration im Bürgeramt zu einer Wissenskonzentration in der Person eines einzigen Fachamtsbediensteten und damit zum „gläsernen" Bürger führen. Diese beiden organisationsrechtlichen Folgen werfen Zweifel an der Rechtmäßigkeit der Aufgabenerfüllung im Bürgeramt auf.

1. Anforderungen der Rechtsordnung

a) Die Normkomplexe des Daten- und Geheimnisschutzes

Die von der Rechtsordnung in dieser Hinsicht gestellten Anforderungen sind in zwei historisch getrennt gewachsenen, mit differenten Begriffen vorgehenden, sich im Anwendungsbereich überschneidenden Normkomplexen geregelt.

aa) Schutz der Amts-, Betriebs-, Geschäfts- und Persönlichkeitsgeheimnisse

Der ältere Regelungsbereich schützt das allgemeine Amts- oder die besonderen Betriebs-, Geschäfts- oder Persönlichkeitsgeheimnisse[94]. Hier geht es in erster Linie um die Abschottung des Wissensstandes der Behörde zu anderen Behörden und zum gesellschaftlichen Bereich; es hat aber auch Bedeutung für das Verhalten der einzelnen Amtswalter in der Behörde[95]. Es liegt auf der Hand, daß die neue Konstruktion umfassend kompetenter Bürgerämter einschließlich der gegenseitigen Vernetzung und des technischen Kontakts zur übrigen Gemeindeverwaltung die notwendige Abschottung gefährdet. Derartige Geheimnisse werden allgemein in den §§ 30 oder 3 a VwVfG, 35 SGB I und 30 AO geschützt, für besondere Geheimnisse bestehen Spezialvorschriften[96].

---

[94] §§ 3 a oder 30 VwVfG, 30 ff. AO, 35 SGB I und 67 ff. SGB X.
[95] Vgl. S. 53 ff.
[96] Z. B. §§ 83 SteuerberatungsG, 64 WirtschaftsprüferO.

bb) Recht zum Schutz personenbezogener Daten

Als zweiter Normenkomplex ist in den Siebziger Jahren das Datenschutzrecht hinzugekommmen. Veranlaßt durch die Verfassungsrechtsprechung zum Recht aus Art. 2 Abs. 1 i.V.m. 1 Abs. 1 GG auf informationelle Selbstbestimmung[97] gewährleisten die Datenschutzgesetze von Bund und Ländern das Persönlichkeitsrecht[98] durch eine umfassende Regelung der Erhebung, Verarbeitung und Nutzung personenbezogener Daten[99] sowie durch flankierende organisatorische Maßnahmen[100]. Sie widmen sich zum einen der Datenverarbeitung im Einzelfall[101], also dem konkreten Erhebungs-, Wiedergabe- oder Nutzungsakt. Zum anderen erfassen sie aber schon im Vorfeld die Einrichtung automatisierter Abrufverfahren[102] als Gefahr, die bereits durch eine technische Zugriffsmöglichkeit heraufbeschworen wird.

b) Die sachlichen Anwendungsbereiche der Normenkomplexe

Wenn Vorschriften aus zwei Regelungsbereichen den Schutz von Geheimnissen und Daten regeln, überlagern sich die Normen oder kollidieren miteinander; ihre Anwendungsbereiche sind deshalb zu trennen. Im Fall der Bürgerämter ergibt sich folgendes Bild:

aa) Allgemeines Datenschutzrecht bei Personenbezug

Das allgemeine Datenschutzrecht besitzt bei der Sachverhaltserhebung Vorrang vor dem allgemeinen Recht des Verwaltungsverfahrens[103], gilt aber nur für personenbezogene Daten[104] und dient dem Schutz von natürlichen, lebenden Personen, weil es vom Persönlichkeitsgrundrecht der Individuen ausgeht. Soweit derartige Daten betroffen sind, ist das Recht des Geheimnisschutzes[105] nicht anwendbar. Sobald andere, z. B. sachbezogene Daten betroffen sind, greift das Datenschutzrecht nach seinem Tatbestand nicht mehr ein, sondern die Regelungen des anderen Normkomplexes.

---

[97] Grundlegend BVerfGE 65, S. 1 ff.
[98] Z. B. § 1 Abs. 1 BDSG.
[99] Z. B. § 1 Abs. 2 BDSG.
[100] Veranlaßt durch BVerfGE 65, S. 1, 44.
[101] Z. B. in §§ 4 ff. BDSG allgemein, in §§ 12 ff. BDSG besonders für den Bereich der öffentlichen Verwaltung.
[102] Z. B. § 10 BDSG.
[103] Z. B. § 1 Abs. 5 BDSG.
[104] Z. B. § 1 Abs. 1 i.V.m. § 3 Abs. 1 BDSG. Zum Begriff vgl. z. B. Auernhammer, Herbert, Bundesdatenschutzgesetz, 3. Aufl. 1993, Rn. 6 f. zu § 3.
[105] § 30 o. § 3 a VwVfG.

VII. Die Gewährleistung der Rechtmäßigkeit der Aufgabenerfüllung

bb) Einheitliche Regelungen für Daten- und Geheimnisschutz im Steuer- und Sozialrecht

Für die steuer- und sozialrechtlichen Verfahren kommt es zu keiner Kollision von Datenschutz- und Geheimnisschutzrecht. Während nämlich § 30 VwVfG die Beteiligten unter dem Begriff des Geheimnisses vor unbefugter Offenbarung durch die Behörde schützt und die Datenschutzgesetze personenbezogene Daten betreffen, so daß es zu Überschneidungen kommen kann, fassen Sozialgesetzbücher und Abgabenordnung die benachbarten Tatbestände von Daten- und Geheimnisschutz jeweils in einem einzigen Regelungskomplex zusammen. §§ 30 ff. AO verbieten unter der Bezeichnung „Steuergeheimnis" die Offenbarung von „Verhältnissen" und „Geheimnissen", deren Verwertung und deren Abruf und regeln zugleich die Befugnistatbestände. Ein darüberhinausgehendes Datenschutzrecht allgemeiner Art kennt das Steuerrecht nicht, es existieren nur Spezialvorschriften[106]. In ähnlicher Weise faßt § 35 Abs. 1 und 4 SGB I unter dem Stichwort „Sozialgeheimnis" den Schutz der Sozialdaten und der Betriebs- und Geschäftsgeheimnisse zusammen. Die §§ 67 ff. SGB X greifen dies ebenso einheitlich auf[107] und detaillieren den Schutz weiter. Sie unterscheiden nicht mehr zwischen personen- und sachbezogenen Daten[108].

c) Recht auf informationelle Selbstbestimmung

Das Bundesverfassungsgericht hält für derartige Sachverhalte, die personenbezogene Daten oder Amtsgeheimnisse betreffen, aus Art. 2 Abs. 1 i.V.m. 1 Abs. 1 GG ein Recht auf informationelle Selbstbestimmung bereit[109]. Es hat dafür in E 67, S. 100, 142 f., (bezüglich § 30 AO) deutliche Worte gefunden:

> „Die Geheimhaltung bestimmter steuerlicher Angaben und Verhältnisse, deren Weitergabe einen Bezug auf den Steuerpflichtigen oder private Dritte erkennbar werden läßt, kann ... durch eine Reihe grundrechtlicher Verbürgungen, insbesondere durch Art. 2 Abs. 1 in Verbindung mit Art. 1 Abs. 1 u. Art. 14 GG, gegebenenfalls in Verbindung mit Art. 19 Abs. 3 GG geboten sein. Die Angaben, die ein Steuerpflichtiger aufgrund des geltenden Abgabenrechts zu machen hat, ermöglichen weitreichende Einblicke in die persönlichen Verhältnisse, die persönliche Lebensführung (bis hin beispielsweise zu gesundheitlichen Gebrechen, religiösen Bindungen, Ehe- und Familienverhältnissen oder politischen Verbindungen) und in die beruflichen, betrieblichen, unternehmerischen oder

---

[106] Für Kommunen sind hier vor allem die §§ 134 ff. AO und die Kirchensteuergesetze der Länder von Bedeutung.

[107] Vgl. insbes. § 67 Abs. 1 S. 1 und 2 SGB X.

[108] § 30 Abs. 2 AO stellt auf alle „Verhältnisse" oder „Geheimnisse" ab, nach § 67 Abs. 1 SGB X werden alle Einzelangaben über persönliche oder sachliche Verhältnisse natürlicher Personen sowie alle betriebs- oder geschäftsbezogenen Geheimnisse, auch von Juristischen Personen, geschützt.

[109] Seit der grundlegenden Entscheidung zum VolkszählungsG, E 65, S. 1 ff.

VII. Die Gewährleistung der Rechtmäßigkeit der Aufgabenerfüllung

sonstigen wirtschaftlichen Verhältnisse. Über ihre zeitlich kontinuierliche Erfassung, Speicherung und ständige Abrufbarkeit ermöglichen sie demjenigen, der über diese Daten verfügt, ein Wissen außerordentlichen Ausmaßes über die Betroffenen, das unter den gegenwärtigen Lebensverhältnissen in entsprechende Macht über die Betroffenen umschlagen kann.

Die genannten Grundrechte verbürgen ihren Trägern einen Schutz gegen unbegrenzte Erhebung, Speicherung, Verwendung oder Weitergabe der auf sie bezogenen, individualisierten oder individualisierbaren Daten ...Diese Verbürgung darf nur im überwiegenden Interesse der Allgemeinheit und unter Beachtung des Grundsatzes der Verhältnismäßigkeit durch Gesetz oder aufgrund eines Gesetzes eingeschränkt werden; die Einschränkung darf nicht weitergehen, als es zum Schutz öffentlicher Interessen unerläßlich ist."

Der Daten- und Geheimnisschutz erlangt dadurch Verfassungsrang, nämlich Grundrechtsqualität.

2. Datenzugriff und -weitergabe zwischen Arbeitsplätzen, Bürger- und Fachämtern: Probleme infolge der EDV-Vernetzung der Kommune

a) Die Einrichtung von Verfahren zum automatisierten Abruf

Die Idee des aufgabenkonzentrierten Bürgeramts lebt von der Möglichkeit des Bürgers, im mündlichen, schnellen und unmittelbaren Kontakt zu einem kommunalen Mitarbeiter Auskünfte zu erhalten, Anträge zu stellen, Verwaltungsverfahren durchzuführen und mit einer Entscheidung der Kommune abschließen zu können. Da jeder Mitarbeiter als Generalist für den gesamten kommunalen Aufgabenbereich fungiert, muß er durch EDV am Arbeitsplatz über alle Daten des Bürgers verfügen, die in seinem Aufgabenspektrum von Bedeutung werden könnten, z. B. über dessen Lebensdaten, Ehe- und Familienstand, Kfz- und Grundbesitz oder Einkommens- und Vermögensverhältnisse. Das bedingt eine EDV-Vernetzung seines Arbeitsplatzes mit den Datenbanken der Fachämter, um in jederzeitigem Zugriff diese persönlichen Daten abfragen zu können. Da in einem Bürgeramt regelmäßig mehrere Mitarbeiter vor Ort tätig werden, müssen sie alle in dieser Weise Zugriff erhalten. Ferner sind ihre Arbeitsplätze untereinander zu vernetzen, um synchrone Verwaltungsverfahren gleichen Inhalts zu vermeiden, um über die Ergebnisse anderer Verfahren schnell verfügen oder ein bereits bei einem anderen Mitarbeiter begonnenes Verfahren im zweiten Kontakt des Bürgers mit der Behörde – z. B. im Fall noch nachzutragender Erklärungen oder Dokumente – zu Ende führen zu können. Zur vertikal-hierarchischen Vernetzung zwischen Fach- und Bürgeramt tritt so die weitere horizontal-gleichgeordnete EDV-Struktur zwischen den Mitarbeitern hinzu. Das zusätzliche Konzept in der Fläche dekonzentrierter Bürgerämter schafft schließlich eine EDV-Architektur, welche die Vernetzung und Datenzugriffsfähigkeit der Mitarbeiter multipliziert. Vor Ort in den Bürgerämtern verfügen dann alle

Amtswalter über den gesamten gespeicherten Wissensbestand, den eine Gebietskörperschaft über eine Person hinsichtlich aller in die Zuständigkeit der Bürgerämter fallenden Verwaltungsangelegenheiten gesammelt hat. Dem Generalisten im Bürgeramt steht ein „gläserner" Bürger gegenüber. Die Zugriffsmöglichkeiten der Datenvernetzung werfen weitere Fragen des Datenschutzes und des Schutzes persönlicher Geheimnisse vor unbefugter Offenbarung auf.

b) Geheimhaltungspflicht nach § 30 VwVfG

§ 30 VwVfG[110] sichert die der Verwaltung bekannt gewordenen Geheimnisse eines Beteiligten vor unbefugter Offenbarung durch die Behörde. Sie dürfen grundsätzlich nicht außerhalb des Verwaltungsverfahrens, in dem sie erhoben wurden, bekanntgegeben oder verwendet werden. Eine Befugnis zur Offenbarung kann generell durch Gesetz begründet werden; das geschieht durch Vorschriften, die allgemein zum Datenaustausch ermächtigen[111]. Sonst bedarf es im Einzelfall einer Abwägung zwischen Geheimhaltungs- und Offenbarungsinteresse.

Die EDV-Vernetzung gibt die technische Möglichkeit zur Offenbarung persönlicher Geheimnisse für andere Verwaltungsverfahren und an andere Mitarbeiter der Kommunen. Die technische Abrufmöglichkeit liefert die Offenbarung des Geheimnisses dem Verhalten oder Ermessen des am Zugriff Interessierten aus. Das schafft eine neuartige Situation im Normbereich des § 30 VwVfG: Nicht derjenige Amtswalter, der in „seinem" Verwaltungsverfahren in befugter Weise Geheimnisse ermittelt hat, sondern der interessierte Dritte in der Kommunalverwaltung entscheidet über die Berechtigung zur Offenbarung – das Geheimnis wird nicht von einem zum anderen gegeben, sondern dem „Besitzer" des Geheimnisses vom interessierten anderen, regelmäßig sogar ohne sein Wissen oder seine Zustimmung, genommen[112]. Wenn Gesetze generell den Datenaustausch erlauben, ist dieser Zugriff grundsätzlich rechtmäßig. Da diese Gesetze aber die Offenbarung nur zwischen bestimmten Aufgabenfeldern, z. B. von der Steuer- zur Sozialbehörde, gestatten, muß die Vernetzung bereits technisch die Datenübermittlung von anderen Tätigkeitsbereichen oder zu dritten Verwaltungsbehörden ausschließen, z. B. vom Steuer- zum Jugendamt oder von der Gewerbebehörde zum Standesamt. Da im Bürgeramt jedoch jeder Mitarbeiter als Generalist tätig wird, sind derartige technische Filter nicht möglich, welche die rechtmäßige von der rechtswidrigen Offenbarung

---

[110] In Baden-Württemberg und Nordrhein-Westfalen § 3 a LVwVfG. Die Vorschrift ist im Vorgriff auf eine bundesweit beabsichtigte Änderung in beiden Bundesländern von Teil II in den Teil I des VwVfG verlagert worden, um die – unstreitige – Anwendung auf jegliches Verwaltungshandeln auch außerhalb des Verwaltungsverfahrens i. S. d. § 9 VwVfG klarzustellen; vgl. Stelkens, Paul / Bonk, Heinz Joachim / Sachs, Michael, Verwaltungsverfahrensgesetz, 5. Aufl. 1998, Rn. 6 zu § 30. Ferner §§ 35 SGB I, 30 AO, 4 EG-Amtshilfe-Gesetz.

[111] Z. B. §§ 14 Abs. 2, 15 ff., 39 Abs. 2 BDSG, 67 b ff. SGB X, 30 Abs. 4 - 6 und 88a AO.

[112] §§ 30 Abs. 6 AO, 79 SGB X und 10 BDSG erfassen diesen Sachverhalt teilweise unter dem Stichwort des automatisierten Abrufs von Daten.

trennen würden. Hier hilft erst eine Abschottung der Aufgabenfelder innerhalb des Bürgeramtes durch Aufteilung auf einzelne Arbeitsplätze und Mitarbeiter weiter. Sie würde aber den Vorteil des Generalisten ausschließen und so dem Bürgeramt einen Teil seiner Konzeption rauben.

c) Automatisierter Datenzugriff nach § 10 DatenschutzG

aa) Bereithalten personenbezogener Daten zum Abruf

Das Datenschutzrecht erfaßt die Problematik, die durch EDV-Vernetzung und technische Abrufmöglichkeit entsteht, unter der Bezeichnung des automatisierten Datenzugriffs[113]. Dieser liegt nach § 10 Abs. 1 S. 1 i.V.m. § 3 Abs. 5 S. 2 Nr. 3 b, Abs. 8 und 9 BDSG[114] vor, sobald ein automatisiertes Verfahren eingerichtet wurde, das die Übermittlung personenbezogener Daten einschließlich des Abrufs durch Dritte ermöglicht, wenn die speichernde Stelle sie zur Einsicht oder zum Abruf bereit hält[115]. Zu den speichernden Stellen zählen grundsätzlich auch die Behörden einer Gemeinde[116]; Dritter i.S. d. § 3 Abs. 5 S. 2 Nr. 3 b BDSG ist jede Person oder Stelle außerhalb der speichernden Stelle[117]. Die EDV-Vernetzung der Bürgerämter und ihrer Arbeitsplätze untereinander sowie zu den Fachämtern geben anderen Personen Verfügungsgewalt[118] über Daten der Bürger; die technische Vernetzung hält diese Daten für sie zur Einsicht und zum Abruf bereit i.S. d. § 3 Abs. 5 Nr. 3 b BDSG.

bb) Datenverkehr mit Dritten?

Den entscheidenden Angelpunkt für die Anwendbarkeit des § 10 Abs. 1 S. 1 BDSG bildet jedoch die Frage, ob die einzelnen EDV-Plätze im Bürgeramt sowie die einzelnen Bürger- und Fachämter Dritte i. S. d. Datenschutzrechts[119] sind, denen der Zugriff durch Einsicht oder Abruf ermöglicht wird, oder ob sie alle zu einer einzigen speichernden Stelle[120], nämlich der Gesamtorganisation „Kom-

---

[113] §§ 10 BDSG, 79 SGB X und 30 Abs. 6 AO.

[114] Das BDSG ist nach § 1 Abs. 2 Nr. 2 a nur selten für Kommunen einschlägig. Es wird hier als Modell der meist gleichlautenden, an sich anzuwendenden Landesdatenschutzgesetze verwendet.

[115] Vgl. dazu Auernhammer, a. a. O., Rdn. 37 f. zu § 3.

[116] § 3 Abs. 8 i.V.m. § 2 Abs. 2 BDSG.

[117] § 3 Abs. 9 BDSG.

[118] Hierin liegt das besondere Gefährdungspotential, dem § 10 BDSG begegnen soll; z. B. Gola, Peter / Schomerus, Rudolf, Bundesdatenschutzgesetz, 1997, Anm. 1.1 zu § 10; Bergmann, Lutz / Möhrle, Roland / Herb, Armin, Datenschutzrecht, Rn. 4 f. zu § 10. Schon das Bereithalten wird erfaßt, ein späterer tatsächlicher Abruf betrifft dann die §§ 4 ff. BDSG; so insbesondere § 10 Abs. 1 S. 2 BDSG. Vgl. Auernhammer, a. a. O., Rn. 1 und 7 zu § 10.

[119] § 3 Abs. 9 i.V.m. § 2 Abs. 2 BDSG.

[120] § 3 Abs. 8 BDSG.

mune," gehören; dann würden derartige Verfahren nur innerhalb der speichernden Stelle stattfinden und damit nicht mehr unter den Tatbestand des § 10 Abs. 1 S. 1 BDSG fallen. Die Begriffe der speichernden Stelle und des Dritten sind umstritten. Einigkeit besteht darin, daß nach dem Wortlaut des § 2 Abs. 2 BDSG – „öffentliche Stellen ... die Behörden, die Organe der Rechtspflege und andere öffentlich-rechtlich organisierte Einrichtungen eines Landes, einer Gemeinde ..." sind. Damit können neben einer Gebietskörperschaft als Juristischer Person auch deren öffentlich-rechtlich besonders organisierte Teile ohne Rechtsfähigkeit Dritte i. S. d. § 3 Abs. 9 BDSG sein. Es kommen also grundsätzlich dafür auch die Ämter einer Kommune in Betracht.

cc) Organisationsrechtlicher Begriff

Eine detailliertere Definition trifft auf zwei gegensätzliche Meinungen: Die eine Ansicht stellt auf die organisatorische Verselbständigung nach außen ab; Dritter ist dann allein die Stelle, die als juristische Organisationseinheit unter eigenem Namen nach außen selbständig Verwaltungsaufgaben wahrnimmt (organisatorischer Begriff). Sie kann sich auf den allgemeinen Behördenbegriff des Verwaltungsorganisationsrechts[121], auf das Ziel des § 10 Abs. 1 S. 1 BDSG, bereits die Einrichtung besonderer Verfahren im Vorfeld konkreter Übermittlungen zu regeln, den weitergehenden Schutz tatsächlichen Abrufs durch zusätzliche Normen[122] und die bloß „entsprechende" Anwendung der Vorschriften über die spätere, konkrete Datenweitergabe innerhalb einer öffentlichen Stelle nach § 15 Abs. 6 BDSG und Art. 17 Abs. 3 bay., §§ 13 Abs. 5 brem., 14 Abs. 5 hamb. und 14 Abs. 5 nordrhein-westf. LDSG berufen. Nach dieser Auffassung sind die individuellen Mitarbeiter oder die einzelnen EDV-Arbeitsplätze im Bürgeramt niemals Dritte; auch die jeweiligen Ämter einer Kommune sollen grundsätzlich nicht dazu zählen, weil sie der juristischen Organisationseinheit „Kommune" als unselbständige Untergliederungen zuzurechnen seien. Diese Ansicht nähert sich im Kommunalbereich sehr einer Definition der öffentlichen Stelle als Gebietskörperschaft und Juristische Person, obwohl in § 2 Abs. 2 BDSG von Behörden, Organen und Einrichtungen der Länder oder Gemeinden die Rede ist. Auch würde das formelle Organisationsrecht über den materiellen Datenschutz entscheiden. Nähme man diese Auffassung beim Wort, so bliebe vor allem in der unmittelbaren Verwaltung eines Landes oder des Bundes[123] für die Anwendung des § 10 Abs. 1 S. 1 BDSG nur noch wenig Raum.

---

[121] BVerwG, NVwZ 1986, S. 761; DVBl. 1993, S. 556, 557; 1985, S. 57, 59; bay. ObLG, NJW 1993, S. 2947.
[122] §§ 10 Abs. 1 S. 2, 4 ff. BDSG.
[123] Vgl. den ähnlichen Wortlaut des § 2 Abs. 1 BDSG.

dd) Funktionaler oder aufgabenbestimmter Begriff

Die gegenteilige Ansicht scheidet speichernde Stelle und Dritten nach der jeweiligen Verwaltungsaufgabe (funktionaler oder aufgabenbestimmter Begriff)[124]. Sobald Daten für Verwaltungseinheiten mit anderen Aufgaben zur Einsicht oder zum Abruf bereitgehalten werden, wendet sie § 10 Abs. 1 S. 1 BDSG an. Sie beruft sich auf den in jeglichem Verwaltungsverfahren geltenden funktionellen Behördenbegriff des § 1 Abs. 4 VwVfG, den in der Verfassungsrechtsprechung beim Datenschutz verwendeten funktionalen Begriff[125], das in einzelnen Vorschriften niedergelegte, ausdrückliche Verbot der Datenübermittlung innerhalb einer Verwaltungseinheit und die bereits genannte[126] „entsprechende" Anwendung der Datenschutzvorschriften bei Weitergabe innerhalb der öffentlichen Stelle. Die zwei letzten Argumente lassen aber offen, ob diese Normen nicht konstitutiv zum zusätzlichen Schutz in besonders gefährdeten Bereichen erforderlich sind oder nur zur Klarstellung ohnehin bestehenden allgemeinen Datenschutzes dienen. Tragender Grund dieser Meinung ist jedoch die Überlegung, daß das Datenschutzgesetz einen grundrechtlich angeleiteten, materiellen Schutz vor der unbefugten Verbreitung personenbezogener Daten gewähren soll.

Nach dieser ratio legis sind die Begriffe von speichernder Stelle, Drittem und öffentlicher Stelle funktional auszulegen. Das gilt auch für § 10 Abs. 1 S. 1 BDSG, der schon im Vorfeld potentiellen Zugriffs Schutz bieten soll. Diese Auslegung entspricht dem in § 1 Abs. 1 BDSG verankerten Zweck des Gesetzes, Personen vor der Beeinträchtigung ihres Persönlichkeitsrechts in der Datenverarbeitung zu bewahren. Das Datenschutzrecht muß zwar die öffentliche Organisation und Gliederung von Staat und Kommune zur Kenntnis nehmen und sich an den daraus entspringenden Gefahren orientieren. Die öffentliche Organisation besitzt dafür aber nur den Charakter einer Tatsache, die das Gefährdungspotential bestimmt, nicht jedoch einer (organisations-) rechtlichen Vorgabe, die den Schutz mit regelt. Zudem sind die Datenschutzgesetze grundrechtlich veranlaßt; sie prägen das Grundrecht auf informationelle Selbstbestimmung einfachgesetzlich aus. Diese Gesetze sind deshalb grundrechtsangeleitet und grundrechtsoptimierend auszulegen. Ein dem materiellen Schutz des Persönlichkeitsrechts verpflichtetes Grundrecht führt dann zur inhaltlichen, statt zur formell-organisatorischen Auslegung des § 10 Abs. 1 S. 1 BDSG und folglich zum aufgabenbestimmten Begriff der öffentlichen Stelle i. S. d. § 2 Abs. 2 BDSG. Somit ist jede Verwaltungseinheit mit einer anderen Funktion oder Aufgabe Dritter; ihr Zugriff auf Daten einer anderen Verwaltungseinheit mit anderen Aufgaben erfüllt den Tatbestand des § 10 Abs. 1 S. 1 BDSG.

---

[124] Z. B. Gola / Schomerus, a. a. O., Anm. 2.1 zu § 3; Auernhammer, a. a. O., Rn. 6 zu § 2.
[125] BVerfGE 65, S. 1, 46.
[126] Vgl. S. 53.

VII. Die Gewährleistung der Rechtmäßigkeit der Aufgabenerfüllung 49

ee) Konsequenzen des funktionalen Begriffs

Die aufgabenbestimmte Definition führt bei den Bürgerämtern zu folgenden Konsequenzen: Die Mitarbeiter im Bürgeramt erfüllen als Generalisten vor Ort identische Funktionen; der Zugriff auf die Daten der benachbarten EDV-Plätze im jeweiligen Bürgeramt fällt nicht unter den Tatbestand des § 10 Abs. 1 S. 1 BDSG[127]. Ähnliches gilt für die Verfahren des automatisierten Abrufs zwischen in der Fläche dekonzentrierten Bürgerämtern. Sie besitzen Parallelzuständigkeiten für identische Aufgaben und sind wegen dieser Funktionskongruenz nicht Dritte im Abrufverfahren.

Diese gesamthafte Aufgabenbetrachtung lotet jedoch den Inhalt des § 10 Abs. 1 S. 1 BDSG nicht vollständig aus. Stellen mit mehreren Verwaltungsaufgaben werden nach der funktionsbestimmten Definition ebenfalls zum Dritten, wenn sie zwar im Rahmen ihrer vielfältigen Zuständigkeiten, aber zu anderen Zwecken abrufen können als denen, für welche die Daten bei der speichernden Stelle erhoben wurden. Sie verlassen damit zwar nicht ihre Kompetenzen, weil diese eben sehr umfangreich sind, haben aber technisch die Möglichkeit, vom anderen Bürgeramt Daten für neue Verwaltungsaufgaben abzurufen. Die Einrichtung des automatisierten Abrufverfahrens führt hier ebenso bereits wegen der EDV-Technik zur abstrakten Gefahr aufgabenfremden Datenzugriffs und -nutzung. § 10 Abs. 1 S. 1 BDSG ist somit auch bei der Vernetzung zwischen mehreren Bürgerämtern zu beachten. Ebenso ist zu urteilen, wenn einigen unter den parallel zuständigen Bürgerämtern bestimmte Kompetenzen fehlen, die den anderen zustehen. In diesem Fall würde eine EDV-Vernetzung technisch den Zugriff auf Daten außerhalb des eigenen Aufgabenbereichs öffnen und insoweit § 10 Abs. 1 S. 1 BDSG als Schutzvorschrift eingreifen. Erstreckt sich die EDV-Vernetzung zwischen Bürgerämtern und Fachämtern – was wegen der Aufteilung in einfache, schnell vor Ort zu erledigende und in komplexere und aufwendigere, den Spezialisten erfordernde Verwaltungsfälle regelmäßig anzunehmen ist –, kommt es wegen der begrenzten Zuständigkeit des Fachamtes ebenfalls zur Einrichtung automatisierter Abrufverfahren. Erst eine technische Sperre bei fachamtsfremden Aufgaben würde hier Abhilfe schaffen. Das setzt aber eine eindeutige Trennbarkeit der Aufgabenspektren von Bürger- und Fachämtern voraus. Die umgekehrte Abrufmöglichkeit vom Fach- zum Bürgeramt fällt unter § 10 Abs. 1 S. 1 BDSG, wenn das Bürgeramt die Daten für fach (-amts-) fremde Zwecke benötigt.

ff) Zulassungsvoraussetzungen für einen automatisierten Datenabruf

§ 10 Abs. 1 S. 1 BDSG erlaubt – wie auch einige Landesdatenschutzgesetze – die Einrichtung von automatisierten Abrufverfahren, soweit sie „unter Berücksich-

---

[127] Gola / Schomerus, a. a. O., Anm. 16.1 zu § 3.

VII. Die Gewährleistung der Rechtmäßigkeit der Aufgabenerfüllung

tigung der schutzwürdigen Interessen der Betroffenen und der Aufgaben oder Geschäftszwecke der beteiligten Stellen angemessen" sind. Erforderlich wird demnach eine Abwägung im Einzelfall. Zur Feststellung der Angemessenheit wird die Frage der Notwendigkeit eines Abrufs zwischen Bürgerämtern untereinander und zwischen Bürger- und Fachämtern zu beurteilen sein, wenn sie Abrufe für neue Verwaltungsaufgaben im Rahmen ihrer Zuständigkeit vornehmen; falls sie außerhalb ihrer Kompetenz abrufen, ist sie schon aus diesem Grund stets zu verneinen. In der Abwägung sind die schutzwürdigen Interessen des Betroffenen grundsätzlich hoch anzusetzen, weil es sich um seine personenbezogenen, also privaten Daten handelt. Präzisere Aussagen sind in genereller Betrachtung nicht zu treffen, weil sich die Abwägung erst im konkreten Vorgang wertend entscheidet. Die neueren Landesdatenschutzgesetze begnügen sich nicht mit der Vorgabe einer Abwägungsklausel, sondern verlangen in der Regel eine gesetzliche Ermächtigung für die Einrichtung eines automatisierten Abrufverfahrens[128]. Dort ist die Zulässigkeit der Einrichtung also nach gesetzgeberischer Abwägung in einzelnen Tatbestandsmerkmalen vorgegeben.

gg) Rechtsfolgen der Einrichtung automatisierter Abrufverfahren

Die Rechtsfolgen der Errichtung automatisierter Abrufverfahren ergeben sich aus § 10 BDSG: schriftliche Festlegung und Kontrolle der Verfahren, Einrichtung von Stichprobenverfahren und Unterrichtung des Datenschutzbeauftragten sowie technische und organisatorische Sicherungen nach § 9 BDSG i.V.m. seiner Anlage (vor allem die Einrichtung von Datenträger-, Benutzer-, Zugriffs-, Übermittlungs- und Organisationskontrollen).

d) Konkreter Datenverkehr und DatenschutzG

Die Datenschutzgesetze stellen für jeden konkreten Datenverkehr weitere Zulässigkeitsbedingungen auf; sie gelten sowohl für den Abruf innerhalb eines generellen, automatisierten Verfahrens als auch für jede von der speichernden Stelle veranlaßte Datenübermittlung. Die Zulässigkeit eines konkreten Abrufs wird nicht bereits durch Zulassung der (generellen) Einrichtung des automatisierten Abrufverfahrens erlaubt, sondern bestimmt sich lt. § 10 Abs. 1 S. 2 BDSG nach den allgemeinen Vorschriften zum Datenschutz. Jeglicher konkrete Datenverkehr ist also besonders nach den §§ 4 ff. und 15 ff. BDSG zu rechtfertigen. § 10 Abs. 4 BDSG verteilt jedoch die Verantwortung für die Rechtmäßigkeit des Abrufs zwischen speichernder und abrufender Stelle in der Weise, daß der Empfänger die Verantwortung trägt, die speichernde Stelle nur bei begründeten Anlässen im Einzelfall prüfen muß. Bei personenbezogenen Daten haben diese Vorschriften Vor-

---

[128] Z. B. Auernhammer, a. a. O., Rn. 1 zu § 10.

VII. Die Gewährleistung der Rechtmäßigkeit der Aufgabenerfüllung 51

rang[129] vor den Regeln zur Sachverhaltsermittlung der §§ 24 und 26 VwVfG[130], aber nicht vor den Pflichten zum Schutz gesetzlicher, beruflicher oder sonstiger besonderer Geheimnisse[131].

Selbstverständlich sind sowohl bei der Einrichtung von Verfahren als auch beim konkreten Abruf die Normen des besonderen Datenschutzrechts zu beachten. Hier werden einerseits bereichsspezifische, zusätzliche Barrieren errichtet, andererseits jedoch auch Übermittlungspflichten begründet, die z. B. im Melderecht[132] und im Kirchensteuerrecht für die Kommunen von erheblicher Bedeutung sind.

3. Aufgaben- und Wissenskonzentration auf den Generalisten im Bürgeramt: Probleme in der Person des umfassend zuständigen Amtswalters

a) „Gläserner Bürger" infolge der Zusammenführung kommunaler und staatlicher Aufgaben bei einem Mitarbeiter im Bürgeramt

Die Aufgabenkonzentration im Bürgeramt gibt letzten Endes einem einzigen Sachbearbeiter vor Ort die Einleitung, Bearbeitung und Entscheidung in einer Fülle von Verwaltungsverfahren in die Hand, die alle dieselbe Person betreffen[133]. Der aufgaben- und fachamtsübergreifend handelnde Bedienstete erlangt durch die Zusammenführung aller Verwaltungsangelegenheiten eines einzigen Bürgers in seiner Person Kenntnis über die Gesamtverhältnisse des Bürgers aus verschiedenen Verwaltungsverfahren. Das kann zum „gläsernen" Bürger führen. Der Bedienstete handelt und entscheidet auch in Kenntnis von Tatsachen, die das konkrete Verwaltungsverfahren nicht betreffen und die einer Fachbehörde im jeweiligen Verfahren nicht bekannt geworden wären. Es ist offensichtlich, daß dabei die rechtsstaatliche Distanz der Kommune zum Bürger verloren gehen kann, weil der Sachbearbeiter tatsächlich die Gesamtangelegenheiten des Bürgers betreut statt in Konzentration auf das jeweilige Anliegen des Bürgers ein isoliertes Verwaltungsverfahren durchzuführen. Der Sachbearbeiter im Bürgeramt wird einen Antrag auf gewerbe-, gaststätten- oder umweltschutzrechtliche Genehmigung anders behandeln als die darauf spezialisierte Fachbehörde, wenn der Antragsteller zur gleichen Zeit eine Geldbuße bezahlt hat, die mit dem Antragsverfahren an sich nichts zu tun hat, aber

---

[129] Zur Problematik im einzelnen vgl. Bergmann/Möhrle/Herb, a. a. O., Rn. 59 ff. zu § 1.
[130] § 1 Abs. 5 BDSG; Gola/Schomerus, a. a. O., Anm. 5 zu § 1.
[131] § 1 Abs. 4 BDSG; Gola/Schomerus, a. a. O., Anm. 7.3 zu § 1.
[132] §§ 17 ff. MelderechtsrahmenG.
[133] Die kommunalen Absichten zielen darauf ab, daß „jeder Sachbearbeiter grundsätzlich alle angebotenen Leistungen erbringt"; Bad.-Württ. Städtetag, Geschäftsprozeßoptimierung im Bürgeramt, Juli 1997, S. 28. „Jeder kann jeden vertreten", weil er „Generalist" wird; Stadt Heidelberg, Bürgeramt – Fünfjahresbericht 1992 - 1996, S. 4.

Rückschlüsse auf Charakter und Verhalten des Antragstellers zuläßt; er wird einem Gesuch auf Gewährung eines Existenzgründungs- oder Wirtschaftsförderungsdarlehens zögerlicher stattgeben, wenn ihm aus dem Sozialhilfeverfahren desselben Bürgers persönliche oder familiäre Schwierigkeiten bekannt sind, die den Antragsteller in seinem Engagement für eine neue Existenz hindern könnten. Sicher ist eine solche umfassende Kenntnis oft wünschenswert; vor der Kommunalreform ließ sich dieses Problem der Wissenskonzentration auf einen Mitarbeiter bei Kleinstgemeinden sogar überhaupt nicht umgehen. Dieser damals schon unerwünschte Zustand würde jetzt aber wieder gezielt herbeigeführt. Soweit die Gesetze ein Datenabgleich zwischen den verschiedenen Behörden nicht zulassen, darf man diese Wirkung nicht organisatorisch durch Bündelung von Verwaltungsaufgaben auf eine Person herbeiführen.

Eine besondere Brisanz erhält die Zusammenführung von Aufgaben in einem Bürgeramt aus der Allzuständigkeit einer Gemeinde im Selbstverwaltungsbereich, in dem sie ohnehin eine Fülle von Verwaltungsaufgaben betreibt. Die Gefahren für den Datenschutz werden größer als bei einer Fachbehörde, weil sehr viele Aufgaben in der Kommune zusammentreffen. Hinzu kommt, daß Kommunen außer Selbstverwaltungsangelegenheiten noch staatliche Aufgaben erfüllen. Universalitätsgrundsatz und Zusammentreffen von kommunalen und staatlichen Aufgaben bergen ein höheres Risikopotential als z. B. die bloße Zusammenfassung der sozialversicherungsrechtlichen Angelegenheiten in einer Auskunftsstelle nach § 15 SGB I, die zwar ebenfalls Aufgaben organisatorisch zusammenführt, aber stets im Aufgabenfeld der Sozialversicherung als Leistungsverwaltung bleibt. Im Bürgeramt treffen hingegen Ortspolizeibehörde und Sozialamt, Gaststättenaufsicht und Steueramt, Jugendbetreuungs- und Bußgeldstelle zusammen. Diese Zusammenführung von Aufgaben in einer Person werfen zusätzliche Fragen des Datenschutzes und des Amtsgeheimnisses sowie der Unbefangenheit des Kommunalbediensteten und der Rechtmäßigkeit der Entscheidung im jeweiligen Verfahren über die bisher behandelten Probleme der EDV-Vernetzung hinaus auf.

b) Folgen des Verlustes der Behördenanonymität

Ein eher praktisches Problem entsteht durch den Verlust der Distanz der Kommune zum Bürger, wenn die Offenbarung persönlicher, familiärer, finanzieller oder gesundheitlicher Daten notwendig wird. Was der Bürger ohne Bedenken seiner Krankenversicherung oder seiner Bank wegen der Anonymität dieser Behörden anvertraut, wird er ungern – oder gar nicht – dem Amtswalter seines Bürgeramtes offenlegen, den er täglich im persönlichen Kontakt vor Ort treffen kann und der über seine Gesamtsituation Bescheid weiß.

VII. Die Gewährleistung der Rechtmäßigkeit der Aufgabenerfüllung

c) Amtsgeheimnis und Wissenskonzentration in einer Person

aa) Keine Weitergabe an private Personen oder an andere Behörden

§ 30 VwVfG (in Baden-Württemberg und Nordrhein-Westfalen § 3 a LVwVfG)[134] gibt dem Bürger einen Anspruch, daß die Behörde seine Geheimnisse nicht unbefugt offenbart. Dem Anspruch des Bürgers entspricht die Pflicht der Behörde zu schweigen. Die Behörde darf seine Geheimnisse weder privaten Dritten noch anderen Behörden mitteilen. Geheimnisse i. S. d. § 30 VwVfG sind sämtliche persönlichen, familiären oder wirtschaftlichen Verhältnisse des Betroffenen einschließlich charakterlicher oder sonstiger persönlicher Merkmale, die der Behörde beim Verwalten bekannt werden. Das Verbot des unbefugten Offenbarens verlangt eine Abwägung des privaten Geheimhaltungsinteresses mit ausnahmsweise bestehenden staatlichen Offenbarungsbelangen[135]. Im Gegensatz zu den steuer- und sozialrechtlichen Parallelvorschriften des § 30 AO[136] und der §§ 35 SGB I i.V.m. 67 ff. SGB X[137] werden die Offenbarungsgründe vom Gesetz für das allgemeine Verwaltungsverfahren nicht abschließend aufgezählt. Notwendig wird somit eine Abwägung im Einzelfall. Im Bürgeramt erfährt ein einziger Bediensteter aus mehreren Verwaltungsvorgängen Informationen über die persönlichen Verhältnisse desselben Bürgers. Er gibt diese allerdings nicht an private Dritte oder andere Behörden weiter, sondern setzt die gewonnenen Kenntnisse – gezielt oder unbewußt – im nächsten Verwaltungsverfahren wieder ein. Das Problem liegt in der Zusammenführung der Erkenntnisse aus früheren Verfahren in einer Person, nicht in ihrer Weitergabe an Dritte. Die Zusammenführung der persönlichen Daten im Bürgeramt durch Aufgabenkonzentration wird von § 30 VwVfG aber nicht unmittelbar erfaßt, denn die Vorschrift untersagt die Weitergabe von Geheimnissen an andere Personen oder Behörden. § 30 VwVfG schützt die Kompetenzorganisation der öffentlichen Hand und schottet sie ab, indem auch der unbefugte Datenaustausch zwischen Behörden oder zu anderen Privatpersonen untersagt wird[138]. Insoweit ist ebenfalls kein Verstoß gegen den Wortlaut des § 30 gegeben, wenn die persönlichen Daten das Bürgeramt nicht verlassen.

bb) Keine Weitergabe an dritte Personen innerhalb der Behörde

Das Ziel des § 30 VwVfG reicht jedoch noch weiter: Die Norm soll nicht nur verhindern, daß Informationen an Dritte – Private oder Behörden – weitergegeben werden, sondern soll den Kreis der in einem Verwaltungsverfahren mit persön-

---

[134] Vgl. S. 45 FN 110.
[135] BVerwGE 74, S. 117, 119.
[136] Ferner § 4 EG-Amtshilfe-Gesetz. Zu den -weitgehenden- Offenbarungsrechten der Finanzbehörden zuletzt Dißars, DStR 1997, S. 1753 ff.
[137] Zur Lage im Sozialrecht Beckmann, ZFIS 1997, S. 73 ff.
[138] Z. B. Stelkens / Bonk / Sachs, a. a. O., Rn. 22 zu § 30.

lichen Informationen ausgestatteten Bediensteten möglichst klein halten und verhindern, daß Daten in anderen Verfahren benutzt werden, obwohl sie für diese nicht offengelegt wurden oder aus sonstigen Gründen für sie bestimmt sind. Deshalb ist es z. B. den Mitarbeitern einer Behörde nicht gestattet, derartige Informationen zum Gegenstand nicht geschäftsbezogener, interner Tischgespräche zu machen. Wenn der Bürger gesetzlich veranlaßt oder verpflichtet wird, seine persönlichen Verhältnisse für eine Verwaltungsentscheidung darzulegen, darf er darauf vertrauen, daß nur diejenigen Bediensteten davon Kenntnis erhalten, die für die Verwaltungsentscheidung zuständig sind. § 30 VwVfG verpflichtet die Kommune, den Kreis der Informierten klein zu halten. Diesem Normziel genügt die Aufgabenkonzentration in einem Bürgeramt, wenn von allen Verwaltungsangelegenheiten ausschließlich ein einziger Verwaltungsbediensteter erfährt. Im konkreten Verwaltungsfall ist das regelmäßig anzunehmen, weil der Bürger nur mit einem Amtswalter verkehrt und dieser sofort und abschließend entscheidet.

cc) Problem umfassender Information des Sachbearbeiters
ohne Beteiligung Dritter

Eine Rechtsfrage liegt jedoch in der organisatorisch veranlaßten Zusammenführung aller Informationen aus verschiedenen Verwaltungsverfahren in der Person des einen für alles zuständigen Verwaltungsbediensteten. Er hat es nicht nötig, sich von Dritten Informationen zu besorgen, sondern er erhält sie aus anderen Verfahren unmittelbar vom Bürger, der sich stets an ihn wenden muß. Das Normziel des § 30 VwVfG wird von dieser Aufgabenkonzentration verfehlt, denn bereits die Organisation des Bürgeramts und der in ihm tätigen Generalisten führt zur Verwendung von Drittinformationen; der Tatbestand des § 30 VwVfG greift aber nicht, weil er davon ausgeht, daß Informationen aus anderen Verfahren stets von dritten Personen stammen, d. h. weil er stillschweigend ein Fachbehördensystem voraussetzt.

In Teilbereichen des deutschen Rechts ist dieses besondere Problem bereits erkannt und gelöst. So ordnet z. B. § 90 a Bundesbeamtengesetz für die besonders sensiblen Beihilfeakten an, daß sie stets als Teilakte der Personalakten zu führen, von den übrigen Personalakten getrennt aufzubewahren und in einer von der Personalverwaltung getrennten Organisationseinheit zu bearbeiten seien, zu der nur Beschäftigte dieser Organisationseinheit Zutritt haben. Die Norm sorgt dafür, daß die Dienstbehörde nicht umfassend über die persönlichen Verhältnisse der ihr zugeordneten Beamten informiert wird, sondern besonders sensible Bereiche in eine gesonderte Organisation ausgegliedert und ausschließlich von ihr bearbeitet werden. Für die im Bürgeramt miterledigte sozialrechtliche Betreuung sieht § 67 d Abs. 3 SGB X vor, daß Sozialdaten nur ausnahmsweise an Dritte übermittelt werden dürfen, wenn sie mit weiteren personenbezogenen Daten in Akten so verbunden sind, daß eine Trennung nicht oder nur unter unvertretbarem Aufwand möglich ist, und wenn schutzwürdige Interessen des Betroffenen an der Geheimhaltung nicht

VII. Die Gewährleistung der Rechtmäßigkeit der Aufgabenerfüllung 55

überwiegen; auch bei ausnahmsweise zulässiger Weitergabe dieser Daten bleibt deren Nutzung immer untersagt[139].

Die Geheimhaltungsvorschriften der §§ 30 VwVfG, 35 SGB I i.V.m. 67 ff. SGB X, 30 und 31 AO gehen vom Fachbehördenprinzip aus, in dem eine Behörde nur eine oder wenige spezielle Aufgaben wahrnimmt. Bei der Aufgabenkonzentration im Bürgeramt greift der Tatbestand dieser Normen nicht, weil ihre Prämisse fachlich gesonderter Behördenorganisation nicht zutrifft. Ihr gemeinsames Normziel, anderweitig ermittelte Daten nicht laufenden Verwaltungsverfahren zugrundezulegen, wird dadurch aber ebenso verfehlt. Der gesetzliche Tatbestand der Normen paßt nicht mehr auf den von der ratio legis ebenfalls erfaßten Fall, daß eine einzige Person in mehreren Verfahren tätig wird. Ein Verstoß gegen die Geheimhaltungsvorschriften im einzelnen Verwaltungsverfahren liegt somit nicht vor. Das Organisationsermessen der Kommune muß sich aber auch an dieser ratio legis der Vorschriften zum Amtsgeheimnis ausrichten. Die Kommune darf nicht das Amtsgeheimnis „weg"-organisieren. Das unterbindet eine unbegrenzte Konzentration sachlich nicht zusammenhängender Aufgaben; zulässig bleibt sie, wenn die Normen eine Übermittlung ausnahmsweise erlauben.

dd) Ausschluß gebotener Einzelfallabwägung durch organisationsrechtliche Aufgabenkonzentration

§ 30 VwVfG befugt erst nach entsprechender Abwägung im Einzelfall zur Offenbarung[140]. Eine organisationsrechtliche Aufgabenkonzentration auf eine Person schließt durch die Allgemeinheit der organisationsrechtlichen Regelung die Einzelfallabwägung jedoch stets aus. Das verhindert zwar nicht grundsätzlich eine Aufgabenkonzentration in einem Bürgeramt, verbietet aber die Beauftragung eines einzigen Bediensteten mit sachlich unzusammenhängenden Verfahren. Das nach außen umfassend zuständige Bürgeramt muß in seinem Binnenbereich die Zuständigkeiten der einzelnen Amtswalter wieder trennen, um die Normen über das Amtsgeheimnis einzuhalten.

d) Materielle Rechtswidrigkeit von Verwaltungsentscheidungen aufgrund von Informationen außerhalb des Verwaltungsverfahrens

Verwaltungsentscheidungen, für die Informationen außerhalb des Verwaltungsverfahrens an anderer Stelle gewonnen wurden, sind nicht nur formell, sondern auch materiell rechtswidrig, wenn diese Erkenntnisse die abschließende Entscheidung beeinflußt haben. Vor allem bei Prognose-, Ermessens- und sonstigen Abwägungsentscheidungen muß die Behörde im konkreten Verwaltungsverfahren mit

---

[139] § 67 d Abs. 3, 2. HS SGB X.
[140] BVerwGE 74, S. 117, 119.

Kenntnis des Betroffenen die notwendigen Fakten und Rechtsmaßstäbe ermitteln und anwenden. Die Verwendung außerhalb des Verwaltungsverfahrens gewonnenen, nicht offengelegten Materials führt zu Fehlprognose, falscher Abwägung oder zum Ermessensüberschuß. Die Behörde darf solche Erkenntnisse ebenso wenig verwerten[141], wie sie Gerüchte u.ä. ihrer Verwaltungsentscheidung zugrundelegen darf. Dieses Verwertungsgebot ist in § 30 VwVfG zwar nicht expressis verbis niedergelegt. Es ergibt sich aber bereits aus dem Verbot *unbefugter* Offenbarung, die jede nicht für das Verwaltungsverfahren notwendige Weitergabe untersagt.

Das Verwertungsverbot folgt ferner aus dem Charakter eines Verwaltungsverfahrens i. S. d. § 9 VwVfG, in dem zur Entscheidung alle notwendigen Fakten ermittelt und unter Mitwirkung des Beteiligten gewürdigt werden müssen; es sperrt sich gegen eine verdeckte Verwendung von Sachverhalten aus dritten Verfahren oder aus anderer Quelle. Nach § 24 VwVfG gilt im Verwaltungsverfahren der Untersuchungsgrundsatz. Die Behörde hat im jeweiligen Verwaltungsverfahren den Sachverhalt vollständig zu ermitteln, der für den Fall erheblich ist[142]. Nur die dort rechtmäßig erlangten Informationen dürfen verwendet werden[143]. Das führt ebenfalls zu einem Verbot, aus anderen Verwaltungsverfahren gewonnene oder zu anderen Zwecken vom Beteiligten abgegebene Erklärungen oder von Dritten erhaltene Informationen unter der Hand zu verwerten.

Die Sondervorschriften zum Amtsgeheimnis verbieten die Verwendung von Daten außerhalb ihres ursprünglichen Ermittlungszwecks ausdrücklich. So dürfen nach § 67 a Abs. 3 S. 1 SGB X Sozialdaten beim Betroffenen nur unter Angabe des Erhebungszwecks angefordert werden. Ihre Nutzung ist nur zum ursprünglichen Erhebungszweck oder zu ausdrücklich gesetzlich zugelassenen, anderen Zwecken erlaubt[144]. Andere Personen dürfen persönliche Sozialdaten nur zu dem Zweck bearbeiten oder nutzen, zu dem sie ihnen rechtmäßig übermittelt worden sind[145]. Nach § 78 a S. 1 SGB X ist dies auch durch „organisatorische Maßnahmen" zu sichern. In Anknüpfung an die Geheimhaltungspflicht statuiert das Sozialrecht ein grundsätzliches Verbot der Nutzung von Sozialdaten außerhalb des Verwaltungsverfahrens, für das sie erhoben wurden. Sogar die organisatorische Sicherung der Einhaltung dieses Verbots wird ausdrücklich angemahnt.

Ähnlich geht das Steuerrecht vor: Nach § 30 Abs. 2 AO verbietet das Steuergeheimnis, persönliche Verhältnisse unbefugt zu offenbaren „oder zu verwerten". Dem Geheimhaltungsgebot korrespondiert ein Verwertungsverbot.

Diese Konsequenz gilt auch für das allgemeine Verwaltungsverfahren, obwohl sie dort nicht besonders positiviert wurde. Jedes Verwaltungsverfahren bedarf einer

---

[141] Vgl. dazu Stelkens/Bonk/Sachs, a. a. O., Rn. 28 zu § 30.
[142] Stelkens/Bonk/Sachs, a. a. O., Rn. 26 zu § 24.
[143] Stelkens/Bonk/Sachs, a. a. O., Rn. 32 zu § 24.
[144] § 67 b Abs. 1 und 67 c Abs. 2 SGB X.
[145] § 78 Abs. 1 S. 1 SGB X.

eigenen Sachverhaltsermittlung; jegliche stillschweigende Verwertung sonstiger Fakten führt zur rechtswidrigen Entscheidung.

e) Datenverwertungsverbot und personenbezogene Daten für die Verwaltungsentscheidung

Die Datenschutzgesetze statuieren – mit Vorrang vor den Verwaltungsverfahrensgesetzen[146] – ein grundsätzliches Verbot der Verwendung personenbezogener Daten[147]; Ausnahmen sind nur mit Einwilligung des Betroffenen oder bei Zulassung durch Rechtsvorschrift möglich[148]. Den Beschäftigten in der Datenverarbeitung wird deren unbefugte Nutzung ausdrücklich untersagt[149]; es gilt ein Grundsatz der Zweckbindung der Daten[150]. Die datenverarbeitende Stelle hat die erforderlichen technischen und organisatorischen Maßnahmen für die Einhaltung dieses Grundsatzes zu treffen[151]. Die öffentliche Hand darf Daten grundsätzlich nur für diejenigen Zwecke nutzen, für die sie erhoben werden[152]. Bei besonderen Amtsgeheimnissen ist eine Nutzung durch dritte Behörden nur für den ursprünglichen Erhebungszweck zulässig; Ausnahmen sind nur nach Maßgabe der besonderen Gesetze zugelassen[153]. Das Datenschutzrecht sichert also nicht nur vor unbefugter Weitergabe an Dritte, sondern ebenso vor unbefugter Verwertung in anderen Verfahren. Dieses Verbot ist durch flankierende, technische und organisatorische Maßnahmen zu sichern.

Das Verwertungsverbot wird aber mißachtet, wenn im Bürgeramt ein- und dieselbe Person alle Verwaltungsverfahren bearbeitet und so von persönlichen Daten Kenntnis erhält, die nach der Vorstellung des Gesetzes sachlich nicht zusammengehören. Zwar wird nicht eine Information an einen Dritten weitergegeben oder formell in ein zweites Verwaltungsverfahren eingeführt. In der Person des umfassend aus anderen Verfahren informierten Bürgeramtsbediensteten laufen aber alle persönlichen Daten zwangsläufig zusammen. Ihm ist es meist sogar unmöglich, bei der Entscheidung im einen Verfahren die persönlichen Eindrücke, Kenntnisse oder Vorfälle, die aus einem anderen Verfahren stammen, zu unterdrücken. Deren Einfluß auf andere Entscheidungen ist aber rechtswidrig[154].

---

[146] § 1 Abs. 5 BDSG.
[147] Vgl. auch BVerfGE 65, S. 1, 46.
[148] §§ 4 Abs. 1 i.V.m. 3 Abs. 6 BDSG.
[149] § 5 BDSG.
[150] Simitis, Spiros / Dammann, Ulrich / Geiger, Hansjörg / Mallmann, Otto / Walz, Stefan, Kommentar zum Bundesdatenschutzgesetz, Losebl. Stand Juli 1997, Rn. 194 zu § 3.
[151] § 9 BDSG.
[152] § 14 Abs. 1, Ausnahmen in § 14 Abs. 2 BDSG.
[153] § 39 BDSG.
[154] Simitis / Dammann / Geiger / Mallmann / Walz, a. a. O., Rn. 195 zu § 3.

Deshalb muß die Binnenorganisation eines Bürgeramtes in Aufbau und Ablauf sicherstellen, daß bei gemeinsamer Bearbeitung verschiedener Verfahren durch eine Person das Datengeheimnis nicht unterlaufen wird[155]. Das fordert stets eine personelle Trennung der Bearbeitung von Steuer-, Sozial- und Bußgeldverfahren sowie allen Angelegenheiten, die sich mit der persönlichen Betreuung physisch oder psychisch Benachteiligter oder der familiären Unterstützung befassen; eine Abschottung ist aber auch zuweilen in eher technischen Genehmigungsantragsverfahren zu verlangen.

Die einfachgesetzlichen Normen über das Amts- und Datengeheimnis beruhen auf der verfassungsrechtlichen Basis des Rechts auf informationelle Selbstbestimmung[156]. Das politische Ziel einer Bürgernähe oder andere politische Überlegungen stellen kein grundsätzlich überwiegendes Interesse der Allgemeinheit im Sinne dieser Rechtsprechung dar. Zum einen können solche generellen Gesichtspunkte nicht die notwendige Abwägung im Einzelfall ersetzen, zum anderen ist es möglich, Bürgerämter zumindest im Binnenbereich wieder personell zu differenzieren und so den Eingriff in die Persönlichkeitsfreiheit zu vermeiden. Eine Konzentration auf einen einzigen Sachbearbeiter im Bürgeramt ist niemals zum Schutz öffentlicher Interessen unerläßlich.

Es ist also nichts dagegen einzuwenden, daß eine Person im Bürgeramt Fahr- oder Eintrittskarten und Müllsäcke verkauft. Sobald sich die Verwaltungsverfahren aber in die Privatsphäre des betroffenen Bürgers hineinbewegen, vor allem ihn zum Offenbaren persönlicher, familiärer oder beruflicher Verhältnisse veranlassen oder zwingen, kann zwar das Bürgeramt als einheitliche Behörde, nicht aber eine einzelne Person im Bürgeramt als gemeinsame Anlaufstelle dienen. Dasselbe gilt, wenn wegen der Aufgabenkonzentration einer Entscheidung im Verwaltungsverfahren unbewußt oder gezielt nicht offengelegte Ermittlungsergebnisse aus anderen Verwaltungsverfahren zugrundegelegt werden. Das Bürgeramt darf in diesen Fällen den für spezielle Bereiche zuständigen Sachbearbeitern nur ein gemeinsames Dach bieten, der Generalist vor Ort ist ausgeschlossen. Absolute Grenzen für die Konzentration mehrerer Aufgaben auf einen Bediensteten ziehen die ausdrücklichen Verwertungsverbote des Sozial- und Abgabenrechts.

4. Befangenheit durch Wissenskonzentration?

Die §§ 20 f. VwVfG untersagen einem befangenen Behördenangehörigen ein Tätigwerden im Verwaltungsverfahren. Während § 20 VwVfG in erster Linie die Situation persönlichen Vorteils des Bediensteten erfaßt, wappnet § 21 VwVfG das Verwaltungsverfahren generell bei Mißtrauen gegen eine unparteiische Amtsaus-

---

[155] So Nr. 10 der Anlage zu § 9 BDSG, die in den meisten Ländern fast wörtlich übernommen wurde; vgl. ferner Simitis / Dammann / Geiger / Mallmann / Walz, a. a. O., Rn. 202 zu § 9.
[156] Vgl. S. 43 f.

VII. Die Gewährleistung der Rechtmäßigkeit der Aufgabenerfüllung

übung vor einem befangenen Amtswalter. Mit dem Ausschluß des Befangenen wird die erforderliche rechtsstaatliche Distanz der Behörde zum zu entscheidenden Fall gesichert. Die Amtswalter sollen ausschließlich rechtlich angeleitet ohne Einbeziehung persönlicher Aspekte das Verfahren sachlich optimal entscheiden. Befangenheitsgründe können sich auch aus der Mitwirkung in früheren Verfahren ergeben. So keimt manchmal die Befürchtung vor einer Fehlerquelle auf, weil der Sachbearbeiter mit dem Bürger bereits häufiger Kontakt hatte und ihn in seiner Person und seinem bisherigen Verhalten gegenüber der Kommune umfassend kennt. Deshalb pauschal eine Befangenheit anzunehmen, ist indes nicht sachgerecht. Bereits das Gesetz setzt eine Einzelfallprüfung voraus und geht von der Unparteilichkeit als Normalfall aus. Aus der Perspektive der Befangenheitsvorschriften ist somit gegen eine Konzentration der Aufgabenbereiche auf einen einzigen Bediensteten nichts einzuwenden. Nur wenn es in früheren Verfahren tatsächlich zu erheblichen sachlichen oder zu persönlichen Auseinandersetzungen kam, könnte die Befangenheitsschwelle der § 20 f. VwVfG überschritten sein. Dies wird aber nur in Ausnahmefällen vorkommen. Zudem liegt die Schwelle einer unsachlichen Beeinflussung bei Verstoß gegen das Verwertungsverbot aus §§ 30 und 24 VwVfG niedriger als die der persönlichen Befangenheit nach § 21 VwVfG. Die notwendige rechtsstaatliche Distanz der Kommune zum Bürger wird in der Regel normativ bereits in der Sacherledigung statt in der Person des Bediensteten gesichert.

5. Bürgeramt als Großraumbüro

Von geringer Bedeutung sind die zuweilen geäußerten Befürchtungen, die meist als Großraumbüros ausgestalteten Bürgerämter gäben unbeteiligten Besuchern Gelegenheit, den mündlichen Kontakt zwischen Bürger und Bediensteten mitzuhören und so Informationen zu gewinnen. Das ist nach § 30 VwVfG und den spezialgesetzlichen Vorschriften selbstverständlich untersagt und organisatorisch zu unterbinden, kann aber durch entsprechende bauliche Unterteilung in Warte- und Kontaktzonen oder durch besondere Besprechungsräume leicht geschehen.

VIII. Die Grundsätze der Wirtschaftlichkeit und Sparsamkeit

1. Grundsatz der Wirtschaftlichkeit und Organisationsrecht

Alle Kommunen werden in ihrer Haushaltsführung auf die Grundsätze der Wirtschaftlichkeit und Sparsamkeit verpflichtet. Das ergibt sich zum einen aus den allgemeinen, ungeschriebenen Grundsätzen des Finanzverfassungsrechts für die Haushaltswirtschaft[157]. Es wird zum anderen meist in den Kommunalordnungen einfachgesetzlich wiederholt[158]. Häufig findet sich in den Gemeindeordnungen die Formulierung, die Haushaltswirtschaft sei wirtschaftlich und sparsam oder nach den Grundsätzen der Wirtschaftlichkeit und Sparsamkeit zu führen. Die Kreis- und eventuelle Amtsordnungen schließen sich dem mit einer Verweisung auf das gemeindliche Recht der Haushaltsführung an[159]. Nach herrschender Meinung bedeutet Wirtschaftlichkeit, entweder mit den gegebenen Mitteln den größtmöglichen Nutzen zu erzielen (Maximalprinzip) oder einen bestimmten Nutzen mit den geringstmöglichen Mitteln zu erreichen (Minimalprinzip)[160]. Über den Begriff der Sparsamkeit herrscht Streit, er deckt sich aber im Groben mit dem Minimalprinzip als Unterfall der Wirtschaftlichkeit[161]. Dieses Prinzip setzt eine Gesamtbewertung

---

[157] Z. B. Vogt, in (Hrsg.) Franz Klein, Öffentliches Finanzrecht, 2. Aufl. 1993, S. 158; Schliesky, DÖV 1996, S. 109, 110.

[158] Grupp, in: Achterberg/Püttner, Besonderes Verwaltungsrecht, Bd. II 1992, S. 141, 168 m.w.Nachw.

[159] §§ 77 Abs. 2 bad.-württ. Gemeindeordnung und 48 Kreisordnung, Art. 61 Abs. 2 bayr. Gemeindeordnung und 55 Abs. 2 Kreisordnung, Art. 1 § 74 Abs. 2, Art. 2 § 63 und Art. 3. § 11 S. 2 brandenburgische Kommunalverfassung, §§ 92 Abs. 2 hessische Gemeindeordnung und 52 Kreisordnung; 43 Abs. 1, 120 Abs. 1 und 144 mecklenburg-vorpommersche Kommunalverfassung; 82 Abs. 2 niedersächsische Gemeindeordnung und 65 Kreisordnung; 75 Abs. 2 nordrhein-westfälische Gemeindeordnung und 53 Abs. 1 Kreisordnung; 93 Abs. 2 rheinland-pfälzische Gemeindeordnung und 57 Landkreisordnung; 82 Abs. 2, 189 und 216 saarländisches KSVG; 72 Abs. 2 sächsische Gemeindeordnung und 61 Kreisordnung; 90 Abs. 2 sachsen-anhaltinische Gemeindeordnung und 65 Kreisordnung; 75 Abs. 2 schleswig-holsteinische Gemeindeordnung, 57 Kreisordnung und 118 Amtsordnung sowie 53 Abs. 2 und 114 thüringische Kommunalordnung. Die Formulierungen der Gesetze lauten in Berlin und Bremerhaven etwas anders, weisen aber keine inhaltlichen Unterschiede auf (Art. 86 Abs. 2 und 95 Abs. 2 Berliner Verfassung; Art. 132 S. 3 iVm. 146 Bremische Verfassung; §§ 48 Abs. 1 und 58 Abs. 2 Nr. 3 Stadtverfassung Bremerhaven). In Hamburg fehlt eine ausdrückliche Vorschrift; die Grundsätze der Wirtschaftlichkeit und Sparsamkeit gelten hier als allgemeines Finanzverfassungsrecht

[160] Vgl. z. B. Grupp, a. a. O., S. 168 f.

[161] Vgl. dazu mit weiteren Nachweisen Grupp, a. a. O., 168 f.; Vogt, a. a. O., S. 158 f.

VIII. Die Grundsätze der Wirtschaftlichkeit und Sparsamkeit 61

von Kosten und Nutzen – einschließlich des politisch gewollten Ertrags – voraus. Es besteht kein Zweifel, daß sich auch die Organisation der öffentlichen Hand den Grundsätzen der Wirtschaftlichkeit und Sparsamkeit stellen muß[162].

2. Vermutliche Faktoren der Wirtschaftlichkeitsprüfung

Wegen der erforderlichen Abwägung im Einzelfall sind allgemeine Aussagen über die Wirtschaftlichkeit von Bürgerämtern kaum zu machen. Es liegt aber auf der Hand, daß die Umorganisation einen vermehrten Abstimmungsbedarf zwischen dem Personal innerhalb der Bürgerämter, zwischen verschiedenen Bürgerämtern und zu den Fachbehörden zur Folge hat, daß bei Errichtung mehrerer Bürgerämter eine Parallelverwaltung mit höheren Personal- und Sachkosten entsteht und daß eine aufwendige, vernetzte EDV-Struktur für erfolgreich handelnde Bürgerämter notwendig wird. Auch müssen die Mitarbeiter häufiger und intensiver geschult werden, weil sie eine viel größere Fachbreite vor Ort abdecken und sich nicht – wie eine Fachverwaltung – selbst aus eigenen Kräften und mit eigener Vorbildung auf jede normative Änderung in einem Rechtsgebiet schnell einstellen können. Die Verwaltung mehrerer Fachgebiete hat ferner eine höhere Eingruppierung des Personals zur Folge[163]. Bei Angestellten geht der bad.-württ. Städtetag von einer Einstufung in BAT VII 1b oder VI b 1b, u.U. sogar von BAT Vc oder Vb 1c aus[164]. Auch bedarf jedes Bürgeramt einer eigenen personellen Hierarchie, die sich ebenfalls in zusätzlichen Aufwendungen niederschlagen wird[165].

3. Meinungsumschwung ohne Sachverhaltsänderung

Dennoch wird aus Gründen der „Bürgernähe", infolge erwarteter Synergieeffekte und wegen der besseren Motivation der Bediensteten das Modell der Bürgerämter zur Zeit allgemein als Einsparungsfaktor gerühmt. Das Lob erstaunt, denn früher hat man in der Literatur die Bildung von Außenstellen oder die Aufgabenkonzentration als unökonomischer und kostenaufwendiger angesehen[166] und deswegen die Zentral- und Fachbehörden belassen. Auch sahen Landesrechnungshöfe darin teurere Parallelverwaltungen und warnten vor einer Umorganisation[167]. Eini-

---

[162] Z. B. v. Mutius, VVDStRL 42, S. 147, 193 f. m.w.Nachw.

[163] Dazu S. 63 ff.

[164] Bad.-Württ. Städtetag, Geschäftsprozeßoptimierung im Bürgeramt, Juli 1997, S. 16; in Heidelberg werden die Sachbearbeiterstellen z. B. nach A 8 BBesO oder nach V c BAT eingestuft; Stadt Heidelberg, Bürgeramt – Fünfjahresbericht 1992-1996, S. 5.

[165] In Heidelberg werden die Leitungsstellen nach A 11 oder IVa BAT bewertet; Stadt Heidelberg, a. a. O., S. 5.

[166] Z. B. Seele, Der Kreis, a. a. O., 39, 127; Grawert, VVDStRL 36, S. 277, 323; a.M. Winkler, Der Kreis, Bd. 4 a 1986, S. 193, 194 u. 197.

[167] Z. B. LRH Schleswig-Holstein in seinen Bemerkungen 1988, S. 213.

ge Kommunen sind aus diesen Gründen bereits den Weg des Rückbaus dekonzentrierter Bürgerämter gegangen. So beschloß z. B. ein nordrhein-westfälischer Landkreis 1992 die Zahl der Kfz-Zulassungsstellen von sieben auf eine zu reduzieren; man versprach sich davon Einsparungen von 1,2 Mio. DM pro Jahr[168]. In einem brandenburgischen Kreis wird z. B. die Verringerung der Zulassungsstellen von drei auf eine einzige erörtert, weil man sich Einsparungen in Höhe von einer halben Mio. DM erhofft[169].

Dieser plötzliche Meinungsumschwung ohne Änderung der Sachlage gibt Anlaß zur Vorsicht. Er warnt vor der Euphorie einer Verwaltungsmode. Rechtlich sind die Grundsätze der Wirtschaftlichkeit und Sparsamkeit deshalb besonders sorgfältig zu beobachten, d. h. die Kosten der Bürgerämter gegenüber den bisherigen Aufwendungen für Fachbehörden nüchtern zu bilanzieren und das Ergebnis gegen den erwarteten nichtmonetären Nutzen abzuwägen. Hierbei stellt der Grundsatz der Wirtschaftlichkeit und Sparsamkeit die Kommunen zumindest unter Legitimationsdruck; sie müssen eine Umorganisation, wenn sie zu höheren Aufwendungen führt, mit sachlicher Begründung rechtfertigen und deren Kosten fortwährend im Auge behalten.

4. Einfluß des Steuerrechts

Eine weitere Facette der Wirtschaftlichkeit berührt das Steuerrecht. Leistungen der Kommune im Rahmen ihrer (steuerrechtlichen) Betriebe gewerblicher Art unterfallen der Steuerpflicht[170]. Dazu zählen alle entgeltlichen, öffentlich- oder zivilrechtlich ausgestalteten Leistungen im Wettbewerb mit Privaten; nur typisch staatliche Tätigkeiten, die nach ihrer Eigenart nie auf private Konkurrenz stoßen können, bleiben steuerfrei. Vor allem die Zusatzangebote der Bürgerämter – wie z. B. der Ticketverkauf – werden deshalb mit Steuern belastet[171]. Hier verlangt der Grundsatz der Wirtschaftlichkeit eine Berücksichtigung der abfließenden Steuerbeträge, aber auch der rückfließenden Summen aus dem Vorsteuerabzug bei der Umsatzsteuer und aus dem Steueraufkommen, das den Kommunen zusteht. Ferner sind die Aufwendungen für Buchführung und Bilanzierung der zur Leistungserstellung eingesetzten Wirtschaftsgüter und für das Veranlagungsverfahren einzubeziehen. Sie können in der kameralistischen Haushaltsführung erheblichen Aufwand verursachen. Das Steuerrecht beeinflußt die Wirtschaftlichkeit der Bürgerämter in großem Maße.

---

[168] Hertener Allgemeine, Nr. 147 vom 26. 6. 1992.
[169] Berliner Morgenpost v. 16. 1. 1998, S. 19. Vgl. z. B. ferner Bad Schwartauer Nachrichten v. 5. 6. 1996, S. 21; taz Hamburg, v. 4. 2. 1998, S. 22.
[170] Vor allem nach § 1 Abs. 1 Nr. 6, §§ 4 KStG und 2 Abs. 3 UStG.
[171] Vgl. dazu S. 84 ff.

IX. Die Rechtmäßigkeit des Verfahrens der Umorganisation

1. Beschluß und Durchführung der Umorganisation

Die Errichtung von Bürgerämtern bedingt eine Umorganisation des Binnenbereichs der Kommunen. Für den Prozeß der Umstrukturierung bestehen eigenständige Regelungen im Dienst- und Personalvertretungsrecht, die die Belange der betroffenen Mitarbeiter berücksichtigen. Der grundsätzliche Beschluß zur Errichtung von Bürgerämtern wird – wie gezeigt[172] – im komplizierten, von Land zu Land wechselnden Zusammenspiel zwischen Hauptverwaltungsbeamten (Bürgermeister, Kreisdirektor, Landrat) und Kommunalvertretung (Gemeinderat, Kreisrat, Gemeindevertretung) – evtl. sogar einem zusätzlichen Organ (Magistrat, Kreisausschuß) – getroffen. Die anschließenden konkreten Durchführungsmaßnahmen obliegen in organisations- und personalrechtlicher Sicht dem Hauptverwaltungsbeamten, nur selten anderen Organen. Er ist in der Regel Arbeitgeber im Sinne eines konkreten Prinzipals mit Direktionsbefugnis gegenüber den öffentlichen Arbeitnehmern; er hat die Stellung des Dienst- und Fachvorgesetzten der kommunalen Beamten, in den Landratsämtern auch der Landesbeamten; er ist organisationsrechtlich Leiter der Kommunalverwaltung. Die Organisation- und Dienstgewalt im Binnenbereich der Kommune steht also ihm zu. Da er rechtlich die Kommune nach außen vertritt, muß er bei Bildung von Bürgerämtern auch die Befugnisse zur Zeichnung nach außen an die Bediensteten übertragen.

2. Mitwirkungsrechte der Mitarbeiter nach Dienst- und Arbeitsrecht

Wenn Beamte aus den bisherigen Zentral- oder Fachämtern das Bürgeramt besetzen sollen, ordnet der Hauptverwaltungsbeamte meist nur eine Umsetzung an[173], die ohne Zustimmung des Beamten im Rahmen der Dienstgewalt möglich ist. Bei Angestellten und Arbeitern im öffentlichen Dienst gilt Ähnliches aufgrund Arbeitsrechts. Wenn das Anforderungsprofil im Bürgeramt wegen seiner breiteren Qualifikationsnotwendigkeiten und eines umfangreicheren Aufgabengebiets nicht nur Dienstposten oder Arbeitsplatz auswechselt, sondern das Amt im funktionell-abstrakten Sinn, die vertraglich vereinbarte Arbeitsplatzbeschreibung oder tarifvertragliche Eingruppierungsmerkmale ändert, werden jedoch beamtenrechtliche Akte

---

[172] Vgl. S. 16 ff.
[173] Zur Frage einer Umsetzung oder Versetzung z. B. Wolff/Bachof/Stober, a. a. O., S. 555 ff.

mit Außenwirkung oder arbeitsrechtliche Höhergruppierungen erforderlich. Im kommunalen Bereich dürfte das bei Beamten seltener vorkommen, denn ihr Amt im funktionell-abstrakten Sinn umfaßt – von besonderen technischen Fachqualifikationen im Bereich des Bau- oder Ingenieurwesens abgesehen – in der Regel die Sachbearbeitung auf dem gesamten Feld kommunaler Aufgaben. Bei Arbeitnehmern im öffentlichen Dienst sind die tarifvertraglichen Eingruppierungen jedoch meist enger auf die konkrete Tätigkeit ausgerichtet und knüpfen auch an das Ausmaß der selbständigen Tätigkeit, der Leitungsbefugnis und der eigenständigen Entscheidungsgewalt nach außen an, so daß hier regelmäßig Höhergruppierungen erforderlich werden[174], die einer Mitwirkung des Betroffenen bedürfen.

3. Problemkreise des Personalvertretungsrechts

Schwierigere Fragen wirft die Umorganisation im Personalvertretungsrecht auf.[175] Zwei Probleme stehen im Vordergrund: Entsteht mit dem Bürgeramt eine neue Dienststelle mit eigenständiger Personalvertretung? Und: Muß der Personalrat an der Umorganisation mitwirken? Hinzu treten die ständigen, spezifischen Probleme des Personalvertretungsrechts mit dem Organisationstypus der Kommune, weil jene eine administrative Doppelspitze aus Kommunalvertretung und Hauptverwaltungsbeamten aufweist, während die Personalvertretungsgesetze von der unmittelbaren Staatsverwaltung mit monokratischer Leitung ausgehen und deshalb manchmal nicht auf die kommunale Organisation passen.

4. Konsequenz neuer Personalvertretungen?

Die Personalvertretungsgesetze der Länder sehen in den Flächenstaaten für Gemeinden und Kreise grundsätzlich eine zentrale Personalvertretung vor, weil die Kommunen mit ihrer gesamten Verwaltung – von Eigenbetrieben, Schulen, teilweise auch von Orchestern und Theatern abgesehen – eine einzige Dienststelle im Sinne des Personalvertretungsrechts bilden[176]. In den Flächenstaaten führt die Ausgliederung von Bürgerämtern deshalb nicht notwendig zu zusätzlichen Personalvertretungen.

In den Stadtstaaten ist das Personalvertretungssystem dagegen in der Regel dezentralisiert[177], d. h. die Personalvertretungen siedeln sich jeweils bei den einzelnen Behörden und Ämtern an. In Berlin und Hamburg wird jedoch grundsätz-

---

[174] Eingruppierungsvorschläge in Bad.-Württ. Städtetag, Geschäftsprozeßoptimierung im Bürgeramt, Juli 1997, S. 15 f.

[175] Es gilt auch für die Kommunen; Henke, a. a. O., S. 3, 13.

[176] Altvater, in: Püttner, Günter (Hrsg.), Handbuch der kommunalen Wissenschaft und Praxis, S. 282, 284; Ausnahmen gelten allerdings in Hessen und Baden-Württemberg.

[177] Altvater, a. a. O., S. 285.

lich die Bezirksverwaltung oder das Bezirksamt mit allen nachgeordneten Behörden als eine Dienststelle angesehen, so daß nur eine Personalvertretung für den gesamten Bereich eingerichtet werden muß. Hier würde die Einrichtung von Bürgerämtern ebenfalls nicht notwendig zur Vermehrung der Personalräte führen. In Bremen ist aber die einzelne Behörde Dienststelle mit eigenständiger Personalvertretung; hier ist also ein personalvertretungsrechtlicher Zusatzaufwand bei der Umorganisation zu erwarten.

Generell muß in den Flächen- und Stadtstaaten beachtet werden, daß in einer an sich verselbständigungsfähigen, aber noch nicht getrennten Dienststelle durch Mehrheitsbeschluß der wahlberechtigten Mitglieder eigene Personalvertretungen gebildet werden können[178]. Die Bürgerämter stellen solche verselbständigungsfähige Dienststellen dar. Die Ausgliederung der Kommunalaufgaben auf Bürgerämter muß also nicht rechtsnotwendig, kann aber auf Initiative der in ihnen beschäftigten Bediensteten durchaus zu neuen Personalvertretungen führen.

5. Beteiligung des Personalrats

Ferner können Bürgerämter in der Praxis nicht ohne Beteiligung des Personalrats errichtet werden. Die – insoweit einheitlichen – Personalvertretungsgesetze der Länder unterscheiden grundsätzlich zwischen der (vollen) Mitbestimmung, die eine Zustimmung des Personalrats und im Konfliktfall die Entscheidung der Einigungsstelle verlangt, der eingeschränkten Mitbestimmung, bei der die Einigungsstelle nur eine Empfehlung aussprechen kann, und der bloßen Mitwirkung, die in Konsultationspflichten mündet. Die Einrichtung von Bürgerämtern dürfte aus folgenden Gründen stets eine Personalratsbeteiligung fordern[179]:

Die Errichtung von Bürgerämtern unterliegt nach § 75 Abs. 1 Nr. 2 BPersVG[180] der vollen Mitbestimmung des Personalrats, wenn Arbeitnehmern anders bewertete Tätigkeiten übertragen werden, die zu einem anderen Lohn- oder Vergütungsanspruch führen. Wegen des breiteren Aufgabenfelds, der größeren Selbständigkeit und Entscheidungsbefugnis vor Ort ist dies regelmäßig zu erwarten.

Eine Vermehrung der Aufgaben macht Fortbildungsmaßnahmen für die Mitarbeiter notwendig. Das führt aber nicht zur Mitbestimmung nach § 75 Abs. 3 Nr. 6 BPersVG, weil es sich dabei nicht um die erste berufsqualifizierende Ausbildung handelt. Die Fortbildung nach Abschluß einer berufsqualifizierten Maßnahme wird von § 75 Abs. 3 Nr. 6 BPersVG nicht erfaßt.

Eine Regelung der Ordnung in der Dienststelle und des Verhaltens der Beschäftigten führt nach § 75 Abs. 3 Nr. 15 BPersVG zur Mitbestimmung des Personalrats.

---

[178] Altvater, a. a. O. S. 285 ff.
[179] Überblick bei Altvater, a. a. O., S. 305 f.
[180] Die Darstellung orientiert sich am – nicht einschlägigen- BPersVG als dem Modell für die meist gleichlautenden Landespersonalvertretungsgesetze.

Zur Errichtung eines Bürgeramtes müssen jedoch nicht das Zusammenleben der Beschäftigten in gemeinsamen Arbeitsräumen, sondern die fachbezogenen dienstlichen Tätigkeiten geregelt werden. Sie werden vom Begriff der Ordnung in der Dienststelle nach § 75 Abs. 3 Nr. 15 BPersVG nicht erfaßt.[181]

Regelmäßig kommt es aber zur vollen Mitbestimmung des Personalrats, bei der „Gestaltung der Arbeitsplätze" nach § 75 Abs. 3 Nr. 16 BPersVG. Der räumliche Bereich der Aufgabenerfüllung mit den dazugehörigen Bürogeräten bildet den Arbeitsplatz im Sinne der Vorschrift[182]. Da § 75 Abs. 3 Nr. 16 BPersVG die Beschäftigten vor Überforderung schützen soll[183], fällt eine Neuerrichtung von Arbeitsplätzen ebenfalls unter den Begriff der Gestaltung. Die Bürgerämter benötigen neu ausgestattete und mit einem anderen Aufgabenfeld versehene Arbeitsplätze. Diese Umorganisationsmaßnahme ist mitbestimmungspflichtig.

Zur eingeschränkten Mitbestimmung des Personalrats kommt es nach § 76 Abs. 1 Nr. 3 BPersVG, wenn Beamten höher oder niedriger zu bewertende Tätigkeiten übertragen werden. Wegen des größeren Aufgabengebiets kann es auch im öffentlich-rechtlichen Dienstverhältnis zur Übertragung einer höher zu bewertenden Tätigkeit kommen, sofern sich das Amt im abstrakt-funktionellen Sinne ändert.

Nach § 76 Abs. 2 Nr. 5 BPersVG hat der Personalrat bei „Maßnahmen zur Hebung der Arbeitsleistung und Erleichterung des Arbeitsablaufs" mitzubestimmen. Der Arbeitsablauf umfaßt die funktionelle, räumliche und zeitliche Abfolge der einzelnen, unselbständigen Arbeitsvorgänge und deren äußeren Ablauf. Zur Erleichterung des Arbeitsablaufs zählt auch die Zusammenfassung von Verwaltungsvorfällen im Bürgeramt, denn sie verteilt die Arbeit in Konzentration auf einen Arbeitsplatz um. Maßnahmen zur Hebung der Arbeitsleistung werden getroffen, wenn die Dienststelle die Güte und Menge der Arbeit steigern will. Die Bürgerämter werden (auch) zur besseren Motivation der Bediensteten, zur Verbesserung des „out puts" und zur Steigerung der Wirtschaftlichkeit und Sparsamkeit eingerichtet; ob die erwartete Steigerung der Arbeitsleistung später wirklich eintritt, ist personalvertretungsrechtlich nicht von Bedeutung, denn die Mitbestimmung soll die Bediensteten vor Überforderung schützen[184]. Über § 76 Abs. 2 Nr. 5 BPersVG kommt es regelmäßig zur Mitbestimmung des Personalrats. Er darf allerdings seine Zustimmung nur aus Gründen versagen, die eine Überforderung der Mitarbeiter betreffen; er darf dabei nicht das Ziel verfolgen, vor Rationalisierung oder Arbeitsplatzverlust zu bewahren[185].

Häufig wird ein Recht zur eingeschränkten Mitbestimmung des Personalrats nach § 76 Abs. 2 Nr. 7 BPersVG wegen der „Einführung grundlegend neuer Ar-

---

[181] Grabendorff, Walter / Windscheid, Clemens / Ilbertz, Wilhelm / Widmaier, Ulrich, Bundespersonalvertretungsgesetz, 7. Aufl. 1991, Anm. 179 zu § 75 Abs. 3.
[182] Grabendorff u. a., a. a. O., Anm. 190 zu § 75 Abs. 3.
[183] BVerwGE 72, S. 94, 98.
[184] Grabendorff, a. a. O., Anm. 29 zu § 76 Abs. 2.
[185] BVerwGE 72, S. 94, 97.

IX. Die Rechtmäßigkeit des Verfahrens der Umorganisation 67

beitsmethoden" bestehen. Eine Arbeitsmethode ist die Gesamtkonzeption, die hinter dem konkreten Arbeitsablauf als dessen „Modell" steht[186]. Die Art und Weise des Einsatzes der menschlichen Arbeitskraft wird durch die Zusammenfassung von Aufgabenfeldern, durch den vorrangig mündlichen Kontakt mit den Einwohnern sowie durch die Verbindung von Sachbearbeitung, Entscheidung und Zeichnung der schriftlichen Entscheidungsakte geändert. Damit werden die Bediensteten im Bürgeramt qualitativ und quantitativ höher beansprucht als in der Fachbehörde; ob dabei objektiv auch der Ertrag der Verwaltungsarbeit gesteigert wird, bleibt personalvertretungsrechtlich unbeachtlich.

Ferner ist der Personalrat im Verfahren der Mitwirkung nach § 78 Abs. 1 Nr. 2 BPersVG bei der Auflösung, Einschränkung, Verlegung oder Zusammenlegung von Dienststellen oder wesentlichen Teilen von ihnen zu beteiligen. Die örtliche und sachliche Zuständigkeit der bisher zuständigen Fachämter wird zugunsten einer umfassenden Kompetenz- und Aufgabenkonzentration im Bürgeramt aufgelöst, d. h. es kommt zur Einschränkung der Fachämter und zur Zusammenlegung in Bürgerämter. Eine wesentliche Veränderung von Teilen einer Dienststelle nimmt die Lehre überdies bei einer wesentlichen Ortsveränderung an. Das trifft zwar kaum in einem geschlossenen Stadtgebiet oder in einer kleinen Gemeinde zu, die Auslagerung von Bürgerämtern in entfernte Gemeindeteile führt aber zur wesentlichen Ortsveränderung[187].

Im Ergebnis ist also die Bildung eines Bürgeramts nur mit voller Mitbestimmung des Personalrats durchzuführen. Auch im Dienst- und Personalvertretungsrecht zeigt sich, daß die Aufgabenkonzentration in einem Bürgeramt weniger schwierig wird als die zusätzliche Dekonzentration auf mehrere, separierte Bürgerämter.

6. Vertrauensschutz auf Beibehaltung der Fachbehördenstruktur?

Das Prinzip des Vertrauensschutzes steht einer Umwandlung einer kommunalen Fachbehördenstruktur in eine Organisation konzentrierter Aufgabenerfüllung in Bürgerämter nicht entgegen. Der nach ständiger Rechtsprechung im Rechtsstaatsprinzip begründete Grundsatz des Vertrauensschutzes[188] bewahrt nicht vor jeder Enttäuschung[189], sondern greift erst ein, wenn die Behörde einen Vertrauenstatbestand gesetzt hat, auf den der Bürger sich billigerweise verlassen durfte. Hier fehlt es bereits an einem Vertrauenstatbestand, den die Behörde verursacht hat: Die bisherige, fachbehördliche Organisation stellt keine Erklärung an das Publikum nach außen dar, sondern ist lediglich Reflex binnenkommunaler Zweckmäßigkeitserwä-

---

[186] BVerwGE 72, S. 94, 108.
[187] Grabendorff u. a., a. a. O., Anm. 12 zu § 78 Abs. 1.
[188] Z. B. BVerfGE 87, S. 48, 62; 67, S. 1, 14; 68, S. 287, 307; 38, S. 61, 83; bay. VerfGH, NVwZ 1986, S. 117, 118.
[189] BVerfGE 68, S. 287, 307; 67, S. 1, 15.

gungen, der keine Ansprüche begründet[190]. Diese Organisationsstruktur gibt dem Bürger zudem keinen Anlaß, auf ihren Fortbestand zu vertrauen, denn die Organisation richtet sich am Ziel optimaler Aufgabenerfüllung aus. Im Bereich der Daseinsvorsorge ist dabei auch zu berücksichtigen, daß die kommunalen Leistungen die Einwohner zuverlässig und schnell erreichen. Die Organisationsentscheidung orientiert sich jedoch vorrangig an wirtschaftlichen, personellen und fachlich-technischen Eignungserwägungen. Grundsätzlich besteht kein Anspruch auf Beibehaltung einer einmal eingerichteten Kommunalorganisation aufgrund des Vertrauensschutzes.

Der Vertrauensschutz besteht in erster Linie im materiellen Recht; er schützt sogar dort grundsätzlich nicht vor Änderungen[191]. Nach der verfassungsrechtlichen Rechtsprechung besteht zudem ein geringerer Schutz des Vertrauens auf Beibehaltung verfahrensrechtlicher Normen als auf den Bestand materieller Regelungen[192]. Dann ist aber das Vertrauen auf Organisationsentscheidungen noch weniger gesichert, weil sie im Gegensatz zum materiellen und zum Verfahrensrecht nicht primär das Rechtsverhältnis zwischen Bürger und Kommune betreffen.

---

[190] Ossenbühl, VVDStRL 29, S. 137, 164 f.
[191] BVerfGE 68, S. 287, 307; 38, S. 61, 83; 30, S. 250, 269.
[192] BVerfGE 87, S. 48, 63.

X. Wirtschaftliche Zusatzleistungen kommunaler Bürgerämter im Wettbewerb mit privaten Konkurrenten

1. Grundsätzliche Zulassung wirtschaftlicher Zusatzleistungen durch einen öffentlichen Zweck

Kommunale Bürgerämter bieten Zusatzleistungen im Wettbewerb mit Privaten an: Sie besorgen neben den kommunalen Aufgaben z. B. auch den Verkauf von Eintritts- und Fahrkarten oder vermitteln Wohnungen oder Hotels. Es ist sogar daran gedacht, umfassende Informationen für öffentliche und private Veranstaltungen in Form eines Veranstaltungskalenders oder von Telefonauskünften anzubieten, Spenden für Dritte entgegenzunehmen oder Presseerzeugnisse zu vertreiben.

Sofern die Kommune mit dem Ziel der Aufgabenkonzentration nur ein einziges Bürgeramt unterhält, stellen diese Zusatzleistungen allein die in der Rechtsprechung schon erörterten Fragen nach der grundsätzlichen Zulässigkeit des Wettbewerbs der öffentlichen Hand[193]. Eine unternehmerische Betätigung des Staates ist grundsätzlich erlaubt[194], setzt jedoch allgemein eine sachliche Rechtfertigung für diese Tätigkeit durch einen öffentlichen Zweck voraus[195]. Er kann nicht in der ausschließlichen Absicht bestehen, Gewinne zu erzielen, weil sich der Steuerstaat in den Art. 105 ff. GG auf eine grundsätzliche Finanzierung durch Steuern konzentriert[196] und als Grundrechtsstaat in den Art. 14, 12 und 2 Abs. 1 GG die unternehmerische Betätigung (und auch das unternehmerische Risiko) in erster Linie der Gesellschaft und privaten Wettbewerbern überläßt[197]. Andererseits muß die Kommune bei zulässigen Wettbewerbsleistungen einen Gewinnaufschlag einkalkulieren, um den privaten Konkurrenten nicht mit staatlicher Finanzmacht aus dem Markt zu drängen.

Zur sachlichen Rechtfertigung der Zusatzleistungen kommunaler Bürgerämter dient in der Praxis meistens die Nähe der Zusatzleistung zur hoheitlichen Kommunalleistung, z. B. der Verkauf von Müllsäcken anläßlich der Abgabe von Müll-

---

[193] Vgl. dazu z. B. Grupp, ZHR 140 (1976), S. 367 f.; Stober, Rolf, Wirtschaftsverwaltungsrecht, 10. Aufl. 1996, S. 220 ff.

[194] Z. B. BGH, GRUR 1987, S. 116, 118; BVerwG, GewArch 1995, S. 329, 330 m.w.Nachw. d. Rspr.; Lerche, Peter/Pestalozza, Christian Graf von, Die Deutsche Bundespost als Wettbewerber, 1985, S. 105.

[195] BGH, WRP 1993, S. 741, 743 f.

[196] Besonders in Bezug auf Kommunen Waechter, a. a. O., S. 322.

[197] Die Grundrechte schließen die öffentliche Hand jedoch nicht vom Wettbewerb aus; vgl. z. B. hess. VGH, DÖV 1996, S. 476, 477.

gebührenmarken oder der Verkauf von polizeilichen Kennzeichen bei der Zulassung von Kraftfahrzeugen. Diese Erwägung eignet sich zur sachlichen Legitimation nur, wenn mit Leistung und Zusatzleistung ein materiell untrennbarer Vorgang aus öffentlich- und aus zivilrechtlichen Elementen zusammengefügt bleibt. Die bloße zeitliche und räumliche Koinzidenz von hoheitlicher und wettbewerblicher Leistung reicht dafür nicht aus.

Die generelle Absicht, im Bürgeramt umfassend alle Leistungen der Daseinsvorsorge anzubieten, damit der Bürger alles Lebensnotwendige aus einer Hand bekommt, kann lediglich einen bescheidenen Legitimationsbeitrag für Zusatzleistungen liefern. Das Argument trägt nämlich nicht sehr weit, weil die Kommune niemals jeglichen Lebensbedarf decken kann oder darf; ferner ist die Bequemlichkeit des Einwohners ein dürftiges Argument für eine Aufgabenkonzentration[198]. Der Verkauf von Fahrkarten für einen Verkehrsverbund hält sich sicherlich noch im Bereich des Zulässigen, die Kommune dürfte aber kaum auf diese Weise ein eigenes Busunternehmen für Ausflugsfahrten vermarkten. Das Angebot eines Veranstaltungskalenders für das Gemeinde- oder Kreisgebiet wirft kaum Probleme auf, der Verkauf von Presseerzeugnissen stößt jedoch schnell an die Grenze des Schutzes des Vertriebs der Freien Presse nach Art. 5 Abs. 1 GG. Keinesfalls kann man nach dem Motto „Alle lebensnotwendigen Leistungen aus einer Hand" in einem Bürgeramt einen Lebensmittelladen führen.

Die Notwendigkeit, daß gerade die öffentliche Hand – vor allem bei ausreichendem Angebot Privater – diese Leistungen erbringt, ist im Einzelfall stets nachzuweisen; ebenso ist der Beleg zu führen, daß die Zusatzleistung unmittelbar mit einer hoheitlichen Leistung sachlich zusammenhängt[199] oder von ihr verlangt wird.

Ein öffentlicher Zweck liegt nicht schon vor, wenn eine Wettbewerbsleistung im Zusammenhang mit einer öffentlichen Leistung angeboten werden kann, weil sich das als praktisch erweist; die zufällige, tatsächliche Konnexität enthält noch keine materielle Rechtfertigung für die wettbewerbliche Zusatzleistung, bildet nur einen Mitnahmeeffekt. Gerechtfertigt wird eine derartige Leistung erst, wenn sie den mit der hoheitlichen Leistung verfolgten, öffentlichen Zweck unmittelbar fördern kann. So ist es z. B. zulässig, in einem Bürgeramt Verkehrstickets für den öffentlichen Personennahverkehr zu verkaufen, weil damit die kommunale Verkehrspolitik gefördert wird, während sich der Verkauf von Eintrittskarten für private Kinos nicht dadurch rechtfertigen läßt, daß man alle grundsätzlichen Arten von Tickets verkaufen will[200].

---

[198] BGH, GRUR 1956, S. 227, 228; 1987, S. 116, 119.

[199] Nach BVerfGE 61, S. 82, 107 f. enthält das Gemeinderecht für wirtschaftliche Betätigungen regelmäßig den Vorbehalt eines Zusammenhangs mit öffentlichen Aufgaben.

[200] Ebenso von Mutius, Albert von, Kommunalrecht, 1996, S. 273 f., der z. B. den Verkauf von Kfz-Schildern durch kommunale Kfz-Zulassungsstellen für unzulässig hält, weil der öffentliche Zweck der Kfz-Zulassung damit nicht gefördert werde, sondern es sich nur um zufällig konnexe Leistungen handle.

2. Notwendigkeit einer Kompetenz-, nicht einer Befugnisnorm

Ferner hat sich die wirtschaftliche Betätigung der öffentlichen Hand im Rahmen der Kompetenzordnung zu halten. Eine ausdrückliche Befugnisgrundlage ist zwar nicht erforderlich, weil eine Kommune bei dieser wirtschaftlichen Betätigung nicht das Sonderrecht der öffentlichen Verwaltung beansprucht, sondern sich des Zivilrechts als eines „Jedermann-Rechts" bedient. Sie benötigt aber eine Aufgabennorm[201]. Die Beschränkung auf den eigenen Kompetenzbereich spielt bei Bürgerämtern verfassungsrechtlich eine geringe Rolle, denn den Gemeinden ist in Art. 28 Abs. 2 GG und in den entsprechenden[202] Vorschriften der Landesverfassungen nach dem Universalitätsprinzip ein umfassender Aufgabenbereich zugestanden. Solange sie im lokalen Bereich bleiben, besitzen sie einen Kompetenztitel aufgrund Verfassungsrechts, der keiner einfachgesetzlichen Detaillierung in Einzelaufgaben mehr bedarf.

Den Landkreisen fehlt nach Art. 28 Abs. 2 S. 2 GG diese Universalität des Aufgabenbereichs; ihnen ist – mit hier nicht zu erörternden Einschränkungen aus Rücksicht auf das Verhältnis zwischen Art. 28 Abs. 2 S. 1 GG (Gemeindegarantie) zu Art. 28 Abs. 2 S. 2 GG (Kreisbefugnis)[203] – in den meisten Bundesländern einfachgesetzlich ein umfassender Aufgabenkreis für überörtliche Angelegenheiten eingeräumt worden[204]. Sie besitzen also grundsätzlich ebenfalls die Kompetenzen für die Aufgaben eines Bürgeramts.

3. Randnutzung, Verwertung eigenen Vermögens

Daneben sind ohne besondere Zulassungsnormen bei der Exekutive allgemein Randnutzungen öffentlichen Vermögens, z. B. Reklame an öffentlichen Gebäuden oder Fahrzeugen und die Verwertung des eigenen, nicht mehr benötigten Vermögens, in Konkurrenz zu Privaten auf dem Markt zulässig. Das gilt auch für Kommunen und deren Bürgerämter. Für letztere öffnet es jedoch keine neuen Tätigkeitsfelder. Vor allem Randnutzungen berechtigen allein zur Verwertung brachliegenden Verwaltungsvermögens, nicht zur gezielten Überdimensionierung von Bürgerämtern unter anschließendem Einsatz der Überkapazitäten für schon anfangs eingeplante Wettbewerbsleistungen. Randnutzungen ergeben sich in erster Linie aus dem Verwaltungsvermögen, nicht aus dem Personaleinsatz. Die Mitarbeiter

---

[201] Waechter, a. a. O., S. 323; Lerche/Pestalozza, a. a. O., S. 106.

[202] Sie entsprechen im wesentlichen der Verbürgung des Art. 28 Abs. 2 GG; BVerfGE 23, S. 353, 364.

[203] BVerfGE 83, S. 363, 383.

[204] § 2 Abs. 1 bad.-württ., Art. 4 bay., §§ 2 Abs. 1 brandenburg., 89 Abs. 2 mecklenburg.-vorp., 2 Abs. 1 nieders., 2 Abs. 1 sächs., 2 Abs. 1 sachsen-anhalt. LKrO, 2 Abs. 1 hess., 2 Abs. 1 schleswig-holst., 86 Abs. 2 thüring., 2 Abs. 1 nrw. KrO. Anders nur §§ 2 Abs. 1 rheinland-pfälz. und 140 Abs. 2 und 143 saarl. KrO.

sind grundsätzlich an anderen Stellen einsetzbar. Somit erlaubt der Aspekt rechtlich zulässiger Randnutzung zwar das Reklameschild am Bürgeramt, nicht aber zusätzlich Wettbewerbsleistungen im Bürgeramt.

4. Vorschriften der Kommunalordnungen

a) Wirtschaftliche Betätigung der Gemeinden

Die einfachen Gesetze des Kommunalrechts verengen die Zulässigkeit wirtschaftlicher Wettbewerbsleistungen. Sie erfassen diesen Bereich für die Gemeinden mit den Begriffen der wirtschaftlichen Betätigung oder des wirtschaftlichen Unternehmens; die Kreisordnungen verweisen auf die entsprechende Anwendung des Gemeindewirtschaftsrechts. Wirtschaftliche, unternehmerische Betätigung ist der Betrieb von Unternehmen, die als Hersteller, Anbieter oder Verteiler von Gütern oder Dienstleistungen tätig werden, sofern die Leistung ihrer Art nach auch von einem Privaten mit der Absicht der Gewinnerzielung erbracht werden könnte[205]. Ohne auf diese (streitige) Definition im einzelnen einzugehen, wird klar, daß sich Bürgerämter mit wettbewerblichen Zusatzleistungen in einen tatsächlichen oder potentiellen Wettbewerb mit privaten Unternehmern begeben und wie ein Unternehmer verhalten. Soweit man für wirtschaftliche Unternehmen nicht nur eine Tätigkeit verlangt, sondern auch eine gewisse Organisation voraussetzt, ist sie bei Bürgerämtern vorhanden, die in ihrer Behördenstruktur als Leistungseinheiten - „Service Center" - zur Erbringung wettbewerblicher Zusatzleistungen eingesetzt werden. Es ist unstreitig, daß zu den wirtschaftlichen Unternehmen auch rechtlich unselbständige Kommunaleinrichtungen zählen, die sich innerhalb der Gemeindeverwaltung organisatorisch verselbständigt haben[206]. Somit greifen bei Bürgerämtern, die Zusatzleistungen im Wettbewerb erbringen, die kommunalrechtlichen Beschränkungen der wirtschaftlichen Betätigungen. Ausgenommen werden von den Gesetzen allerdings oft Bildung, Gesundheit, Sozialwesen, Kultur, Sport, Erholung, Umweltschutz, Wirtschafts- und Fremdenverkehrsförderung sowie Wohnraumversorgung[207]. Für den Verkauf von Theatertickets, die Vermittlung von Volkshochschulkursen, die Ausgabe von Eintrittskarten für Sportveranstaltungen oder die Vermittlung von Hotels oder Wohnraum gelten in diesem Fall nur die zuvor aufgezeigten Begrenzungen aus dem Verfassungsrecht.

Greift dagegen das kommunale Wirtschaftsrecht ein, so werden drei Barrieren für die Erbringung dieser Zusatzleistungen errichtet:

---

[205] Vgl. z. B. § 107 Abs. 1 S. 2 nrw. GemO; BVerwGE 39, S. 329, 333.
[206] Gern, a. a. O., S. 291.
[207] Stober, Kommunalrecht, a. a. O., S. 337.

b) Öffentlicher Zweck der wirtschaftlichen Betätigung

In Wiederholung des bereits verfassungsrechtlich Gebotenen muß – erstens – die wirtschaftliche Betätigung durch einen öffentlichen Zweck gerechtfertigt werden. Art. 89 Abs. 1 Nr. 1 bay. GemO und § 71 Abs. 1 Nr. 1 thür. Kommunalordnung verlangen darüber hinaus, daß der öffentliche Zweck eine Betätigung „erfordert", d. h. notwendig macht.

c) Leistungsfähigkeit der Kommune

Zweitens müssen sich derartige Betätigungen stets im Rahmen der Leistungsfähigkeit der Kommune halten. In diesem Bereich dürften bei den schlichten Verwaltungsleistungen des administrativen Alltags kaum Probleme auftreten. Die Kommunen werden nach der Art der Leistungen sowie wegen deren kurzfristigen Abwicklung über den Schalter des Bürgeramtes kaum zu hypertropher Organisation, übermäßigen Angebotsvorhaltungen oder risikoreicher Kapitalbindung veranlaßt.

d) Subsidiaritätsklausel

Eine schärfere Grenze zeichnet aber die in den meisten Kommunalverfassungen enthaltene Subsidiaritätsklausel als dritte Barriere vor, nach der eine wirtschaftliche Betätigung nur erlaubt ist, sofern der Zweck nicht besser oder nicht ebenso gut durch andere – vor allem private – Unternehmen erreicht werden könnte[208]. Hier wird dem privaten Konkurrenten der Vorrang vor der Kommune eingeräumt, d. h. die verfassungsrechtlichen Themen des Steuerstaates der Art. 105 ff. GG und der grundsätzlich privaten Berufs- und Vertragsfreiheit der Art. 12 Abs. 1 und 2 Abs. 1 GG werden präziser wieder im einfachen Gesetz aufgenommen.

Die Subsidiaritätsklausel verhindert in der Regel Zusatzleistungen in den Bürgerämtern. Wo für den Verkauf von Fahrkarten, Eintrittskarten, Kfz-Schildern sowie der Vermittlung von Wohnraum und Hotels bereits – wie üblicherweise zu erwarten – ein ausreichendes privates Angebot besteht, ist in den Bundesländern mit Subsidiaritätsklausel kein Vertrieb und keine Vermittlung im kommunalen Bürgeramt zulässig, denn die Praxis hat dort regelmäßig bereits die Tauglichkeit des privaten Marktes belegt. Aber auch allgemein wird selten der Nachweis gelingen, daß solche Leistungen nicht mit gleichem Qualitätsniveau und zu gleichen Preisen in der Privatwirtschaft erbracht werden können. Hier ist bei den kommunalen Bürgerämtern in der Praxis bereits rechtlicher Wildwuchs aufgetreten, den es zurückzuschneiden gilt.

---

[208] In unterschiedlicher Wortfassung, z. B. §§ 100 Abs. 3 brand. Kommunalverfassung, 68 Abs. 1 Nr. 3 meck.-vorpomm. Kommunalverfassung, 71 Abs. 1 Nr. 3 thür. Kommunalordnung.

X. Wirtschaftliche Zusatzleistungen kommunaler Bürgerämter

Die Subsidiaritätsklausel fehlt in den Gemeindeordnungen von Baden-Württemberg, Hessen, Nordrhein-Westfalen und Sachsen[209]. Demgegenüber wird sie in Art. 89 Abs. 2 bay. GemO und § 71 Abs. 2 thür. Kommunalordnung noch weiter verdichtet: Gemeindliche Wirtschaftsunternehmen „dürfen keine wesentliche Schädigung und keine Aufsaugung selbständiger Betriebe in Landwirtschaft, Handel, Gewerbe und Industrie bewirken." Damit sind den bayrischen und thüringischen Bürgerämtern wettbewerbliche Zusatzleistungen sogar schon untersagt, wenn sie durch den kommunalen Marktanteil private Betriebe und deren finanziellen Ertrag belasten.

e) Privatisierungsklausel

Einige Kommunalverfassungen schreiben in Anlehnung an § 7 Abs. 1 S. 2 BHO vor, daß Aufgaben daraufhin überprüft werden sollen, ob sie ganz oder teilweise durch private Dritte mindestens ebensogut erledigt werden können[210]. Dieses Gebot, eine Privatisierungsmöglichkeit zu prüfen[211], soll die Gemeinden in geeigneten Aufgabenbereichen auf eine materielle Privatisierung hinführen. Wo diese Privatisierung angezeigt ist, ist es selbstverständlich dem kommunalen Bürgeramt untersagt, sie durch Ausweitung des eigenen Leistungsangebots in Wettbewerbsbereichen zu konterkarieren.

5. Kartell- und Wettbewerbsrecht

Das kommunale Bürgeramt setzt mit seinen wettbewerblichen Zusatzleistungen die Organisations- und Finanzmacht der Kommunen auf einem Markt ein, in dem seine Konkurrenten sich ökonomisch bewähren müssen und darauf angewiesen sind, aus den Markterträgen zu leben. Dies führt zu den bekannten Problemen des Kartellrechts und des Rechts des unlauteren Wettbewerbs. Es ist mittlerweile anerkannt, daß die Kommunen trotz ihrer Eigenschaft als Hoheitsträger im privaten Wirtschaften den Regeln des GWB und des UWG unterworfen sind, weil sie sich im Markt auf der Ebene der Gleichordnung zu ihren Konkurrenten bewegen[212]. Das Regime des Kartell- und Wettbewerbsrechts endet, wo eine Kommune dem öffentlichen Sonderrecht für Hoheitsträger unterworfen ist, d. h. vor allem bei ihren obrigkeitlichen Tätigkeitsfeldern. Die sich hieraus ergebenden Rechtsfragen der Zulassung zum Wettbewerb sind erst im konkreten Einzelfall zu lösen[213], denn

---

[209] Vgl. Waechter, a. a. O., S. 329.

[210] Art. 61 Abs. 2 Satz 2 bay. GemO, Art. 55 Abs. 2 Satz 2 bay. LandkreisO; § 71 Abs. 1 Nr. 3 thür. KommunalO.

[211] Vgl. Stober, Kommunalrecht, a. a. O., S. 167.

[212] Z. B. BGHZ 110, S. 278, 284; 82, S. 375, 382 f.; BGH, DVBl. 1993, S. 551 f.; NJW 1990, S. 2815, 2817; GRUR 1987, S. 116, 117; 1956, S. 227.

[213] BVerwG, GewArch. 1995, S. 329, 330.

sie hängen vom jeweiligen Wettbewerbsverhalten[214], den Finanzierungstechniken[215], den Marktvolumina der Beteiligten, dem Einsatz hoheitlicher Positionen[216] u.ä. ab. Deshalb muß hier der allgemeine Hinweis auf die Geltung dieser Regeln genügen.

Man sollte sich allerdings grundsätzlich davor hüten, die Schaltergeschäfte in den kommunalen Bürgerämtern allein wegen ihres geringen Umfangs und ihres Charakters eines kleinen Alltagsgeschäfts für wettbewerbs- und kartellrechtlich unerheblich zu halten. Diese Normenkomplexe kennen keine Bagatellgrenze einer Anwendbarkeit auf die Kleingeschäfte des täglichen Lebens. Im Gegenteil belegen Rechtspraxis und Rechtsprechung, daß sich die konkreten Streitfragen gerade an Kleingeschäften des Alltags entzünden, weil deren Summe zu Teilmärkten und größeren Wettbewerbsstörungen führen kann. Die gerichtlichen Entscheidungen knüpfen z. B. oft an Vorspannangebote beim Kauf von Kaffee an, gehen von Billigangeboten bei Busreisen aus oder betreffen den Rabatt beim Bücherkauf.

6. Zusätzliche Rechtsfragen bei einer Dekonzentration in der Fläche

Die gemeindewirtschafts-, wettbewerbs- und kartellrechtlichen Fragen erheben sich bereits, wenn eine Kommune die Aufgaben von Fachämtern auf ein einziges Bürgeramt konzentriert. Zusätzliche rechtliche Schwierigkeiten ergeben sich, wenn unter dem Stichwort der „Bürgernähe" eine Dekonzentration einheitlicher Aufgabenerfüllung in der Fläche durch mehrere Bürgerämter verfolgt wird. Die Dekonzentration stellt nämlich den privaten Konkurrenten vor ein neues und gravierendes Problem: Er muß nicht nur in Wettbewerb mit der Kommune und ihrer Finanzmacht treten, sondern hat sich plötzlich mit einem öffentlichen Wettbewerber auseinanderzusetzen, der seine Tätigkeit in hoheitlicher Organisation über das Gemeindegebiet in mehrere Bürgerämter aufspalten kann, während sich für den Privaten die Errichtung eines korrespondierenden Netzes von Filialen nicht lohnt. Die Kommune ist nicht auf einen ökonomischen Ertrag aus dem Markt angewiesen, sondern finanziert ihre aufgefächerte Organisation aus staatlichen Zuweisungen oder hoheitlichen Abgaben. Die Vorhaltekosten der Filialorganisation müssen demgegenüber vom Privaten aus dem eigenen Markterfolg bestritten werden. Das wirft Fragen des Rechts der Mittelstandsförderung auf, stellt aber auch Anfragen an die Regeln des GWB und des UWG.

---

[214] BGH, GRUR 1987, S. 116, 118 f.
[215] BGH, GRUR 1987, S. 116, 118.
[216] BGH, GRUR 1987, S. 116, 118; S. 119, 122; BVerwG, GewArch. 1995, S. 329, 330.

7. Neue Fragen im Kartellrecht

a) Desorganisation des Marktes durch Dekonzentration der Bürgerämter

Hinsichtlich des GWB und UWG ist bisher erst geklärt, daß die Kommune wirtschaftliche Zusatzleistungen im Wettbewerb erbringen darf[217]. Hier taucht aber das weitere Problem auf, daß die hoheitliche Organisationsmacht den Wettbewerb räumlich desorganisiert. Diese Organisation mag kommunalrechtlich und -politisch „bürgernah" sein, sie gefährdet aber den Wettbewerb, weil die kommunale Organisation Zusatzleistungen in der kommunalpolitisch gewünschten Untergliederung anbietet, obwohl sie der Markt nicht rechtfertigt oder trägt. Hier entsteht für den privaten Wettbewerber die Gefahr, allein durch die Organisation des kommunalen Mitbewerbers aus dem Markt gedrängt zu werden. Wenn mehrere kommunale Bürgerämter z. B. Eintrittskarten für Veranstaltungen, Theater und Kinos verkaufen oder eine Wohnungsvermittlung betreiben, können sie an jedem Sitz eines Bürgeramtes den vollen Service während der gesamten Dienstzeiten vorhalten und anbieten, auch wenn an jedem einzelnen Platz pro Tag oder Woche nur wenige Umsätze getätigt werden. Dem privaten Wettbewerber gelingt das ökonomisch niemals, denn die Einrichtung und Besetzung eines Verkaufskiosks mit Personal und Sachmitteln lohnt sich bei wenigen Umsätzen pro Tag oder Woche nicht mehr. Für die Kommune ist dieser Aufwand nebensächlich, weil sie aus politischen Gründen ohnehin mehrere Bürgerämter errichtet und der Umsatz ihr nur Zusatzeinkommen bietet. Alle Personal- und Sachkosten des Bürgeramtes werden auf ihr gesamtes Tätigkeitsspektrum aufgeteilt, das vor allem aus öffentlichen Aufgaben besteht. Der Private bietet nur eine oder wenige Wettbewerbsleistungen an, muß also seinen Aufwand vollständig aus diesen Leistungen finanzieren. Die Kommune hat sich damit einen strukturellen Vorteil geschaffen, der an sich zulässige Wettbewerbsleistungen in die Rechtswidrigkeit führt.

Die kartell- und wettbewerbsrechtliche Besonderheit dekonzentrierter Bürgerämter besteht in der durch die politischen Erwägungen zur „Bürgernähe" geschaffenen Möglichkeit, ein aus hoheitlichen Gründen über das Kommunalgebiet verteiltes Netz von Ämtern zugleich als Filialsystem im Wettbewerb um Zusatzleistungen einsetzen zu können. Die Kommune besitzt einen Vorsprung fremdfinanzierter Anbietungsorganisation, die der Private erst mit Marktmitteln aufbauen müßte und die sich für ihn nicht lohnt, denn früher hinreichende Umsätze in einem einzigen, zentralen Geschäft verflüchtigen sich jetzt in wenige Tagesumsätze pro Filiale. Literatur und Rechtsprechung sind auf dieses Thema bisher kaum eingegangen; sie haben sich bisher nur mit der Grundsatzfrage beschäftigt, ob und wie ein Wettbewerb der öffentlichen Hand zulässig sei.

---

[217] Z. B. BGH, GRUR 1987, S. 116, 118; BVerwG, GewArch. 1995, S. 329, 330 f.

X. Wirtschaftliche Zusatzleistungen kommunaler Bürgerämter

b) Wettbewerbsverstoß durch Zusatzleistungen

Die zentralen Bürgerämter können als marktbeherrschende Unternehmen Wettbewerber unbillig behindern[218]. Die kommunalen Bürgerämter sind nach § 22 Abs. 1 Nr. 2 GWB auf den Märkten des Ticketverkaufs, der Hotel- und Wohnraumvermittlung oder des Verkaufs von Kfz-Schildern und Zeitungen marktbeherrschende Unternehmen wegen ihrer Finanzkraft und wegen des durch die verzweigte Bürgerämterorganisation geschaffenen guten Zugangs zu den Absatzmärkten. Eine unbillige Behinderung liegt vor, wenn die Wettbewerber mit sachfremden, vor allem nicht dem Prinzip des Leistungswettbewerbs entsprechenden Mitteln, oder mit Mitteln bedrängt werden, deren Einsatz nicht in angemessenem Verhältnis zum Erfolg steht[219]. Die kommunalpolitisch gewollte Dekonzentration auf mehrere Bürgerämter ist ein wettbewerbsfremdes Element, das dennoch für derartige Zusatzleistungen im Wettbewerb eingesetzt wird.

Gegen eine Zulässigkeit dieser Leistungen spricht, daß die kommunalgesetzliche Zielsetzung dezentraler Bürgerämter durchaus in Beschränkung auf die kommunalen, hoheitlichen, Leistungen der Daseinsvorsorge zu erreichen wäre. Im Wettbewerb wird hier ferner ein Mittel – nämlich die vorhandene, weitverzweigte Organisation – für einen in den Bürgerämtern zu erzielenden geringen wirtschaftlichen Erfolg eingesetzt. Das läßt die Angemessenheit des Mittels zweifelhaft werden, insbesondere weil der geringe ökonomische Erfolg fast zwingend den privaten Konkurrenten ganz aus dem Markt drängt. Der BGH hat in seiner Entscheidung über die Brillenselbstabgabe die Verdrängung gewachsener Berufe aus dem Markt mit Rücksicht auf die Art. 12 und 14 GG als wettbewerbswidrig angesehen[220]. Diese Überlegung dürfte die Vermittlung von Hotels und Wohnungen sowie den Verkauf von Tickets oder Kfz-Schildern in parallel zuständigen Bürgerämtern untersagen. Besondere Bedenken bestehen bei Zusatzleistungen, die sich als Hilfstätigkeiten zur amtlichen Aufgabenerfüllung darstellen, denn hier hat die öffentliche Hand eine besondere Verpflichtung zur Rücksichtnahme auf den privaten Wettbewerber[221]. Außerdem darf sie ihren Informationsvorsprung aus der hoheitlichen Tätigkeit nicht wirtschaftlich verwerten[222].

---

[218] §§ 26 Abs. 2 i.V.m. 22 Abs. 2 GWB.

[219] Statt vieler BGH, GRUR 1987, S. 116, 118; Ebel, Hans-Rudolf, Kartellrecht, Loseblatt, Rn. 10 zu § 26 GWB.

[220] NJW 1982, S. 2115.

[221] Langen, Eugen/Bunte, Hermann-Josef, Kommentar zum deutschen und europäischen Kartellrecht, 7. Aufl. 1994, Rn. 167 zu § 26 GWB; Otting, DVBl. 1997, S. 1258, 1263 m.w.Nachw.; Waechter, a. a. O., S. 335; Nordemann, WRP 1996, S. 383, 384.

[222] Otting, DVBl. 1997, S. 1258, 1263 m.w.Nachw.

c) Wettbewerbsrecht contra Verkehrspolitik

Die Kommunen rechtfertigen dieses Wettbewerbsverhalten u. a. mit der Vermeidung überflüssigen Individualverkehrs vor allem in städtischen Ballungsgebieten. Das Argument erweist sich als fragwürdig: Mit dem Hinweis auf die kommunale Verkehrspolitik ließe sich fast jedes Angebot, z. B. auch ein städtischer Lebensmittelhandel, rechtfertigen. Die Vermeidung des Individualverkehrs bildet aber allenfalls einen Sachgrund, ein (einziges) Bürgeramt an einen Verkehrsknotenpunkt, neben ein ohnehin vom Publikum aufgesuchtes Einkaufszentrum oder an ähnlich exponierter Stelle, zu plazieren. Der Vorwurf überflüssigen Individualverkehrs trifft bei dem aus anderen Gründen mobilen Bürger nicht zu.

Zum anderen wird unterstellt, daß Zu- und Abfahrt zu den Bürgerämtern notwendigerweise mit dem Auto erfolgen würde, obwohl es in Ballungsgebieten ebenso naheliegt, dafür den öffentlichen Personennahverkehr zu wählen. Das Argument ruht also im Tatsächlichen auf tönernen Füßen. Auch hätten es die Kommunen selbst in der Hand, den Behördenzugang über den ÖPNV attraktiv zu gestalten und auf diese Weise individuellen Autoverkehr zu vermeiden. Die §§ 26 Abs. 2 i.V.m. 22 Abs. 1 GWB errichten für Zusatzleistungen dekonzentrierter Bürgerämter eine rechtliche Barriere, die von der Rechtsprechung bisher noch wenig wahrgenommen wird, obwohl sie die Zusatzleistungen oft wettbewerbsrechtlich untersagt.

8. Neue Fragen im Wettbewerbsrecht

Dekonzentrierte Bürgerämter hätten ferner das ähnlich gelagerte[223] Problem des § 1 UWG zu lösen. Das UWG gilt für die öffentliche Hand bei Teilnahme am Wettbewerb[224]. Mit Zusatzleistungen im erwerbswirtschaftlichen Bereich nehmen die Kommunen Handlungen im geschäftlichen Verkehr zu Zwecken des Wettbewerbs vor[225]. Ein Verstoß gegen die guten Sitten kann darin liegen, daß sie das hoheitlich finanzierte, zu anderen Zwecken aufgebaute, verzweigte Netz dekonzentrierter Bürgerämter zusätzlich im Wettbewerb einsetzen und sich damit einen vom Privaten nicht erreichbaren Marktvorteil zunutze machen. Vor allem ist dabei zu bedenken, daß die öffentliche Hand keine Standortvorteile ausnutzen darf, um das Publikum von Preisvergleichen abzuhalten, und keinesfalls zu teureren Preisen anbieten darf[226].

---

[223] Dazu BGH, WRP 1993, S. 741, 743 f.
[224] BGHZ 110, S. 278, 284 m.w.Nachw.
[225] Köhler, Helmut / Piper, Henning, Gesetz gegen den unlauteren Wettbewerb, 1995, Rn. 215, 222 und 230 zu § 1 UWG.
[226] Köhler / Piper, a. a. O., Rn. 251 zu § 1 UWG.

9. Belastung des Mittelstands trotz rechtlicher Förderungspflicht

a) Pflichten nach den Mittelstandsförderungsgesetzen

Zu berücksichtigen sind ferner die Mittelstandsförderungsgesetze (= MFGe) der Länder. In fast allen Bundesländern existieren Regelungen zur Förderung des Mittelstandes, die in der Form von Gesetzen ergangen sind[227]. Lediglich Nordrhein-Westfalen und Sachsen fördern den Mittelstand nicht auf dem Wege des Gesetzes, sondern durch Richtlinien und Programme; in Berlin und Bremen bestehen einzelne Programme andersartigen Zuschnitts, die aber auch den Mittelstand erfassen. Wenn gesetzliche Vorschriften für eine Mittelstandsförderung vorhanden sind, sind sie auch von den Kommunen zu beachten[228].

Der gesetzliche Begriff des Mittelstandes ist umstritten[229]. Nach § 1 der Mittelstandsförderungsgesetze werden kleine und mittlere Unternehmen, meist auch Freie Berufe von dieser Bezeichnung erfaßt. Die kommunalen Zusatzleistungen in Verkauf und Vermittlung bewegen sich nach ihrem Geschäftsgegenstand vornehmlich im Tätigkeitsbereich des Mittelstandes, denn sie werden sonst aus Verkaufskiosken, von Maklerbüros, lokalen oder regionalen Personenbeförderungsunternehmen, Prägern von Kfz-Schildern usw. erbracht. Gesetzliches Ziel der Mittelstandsförderung ist die Erhaltung und Stärkung des Mittelstands, die Sicherung und der Ausbau der Stellung bestehender Unternehmen, die Erleichterung der Gründung und der Entfaltung neuer mittelständischer Unternehmen sowie die Sicherung und der Ausbau von Arbeits- und Ausbildungsplätzen in diesen Unternehmen[230]. Die Mittelstandsförderungsgesetze verpflichten die Kommunen, diese Zielsetzung bei allen Planungen, Programmen und Maßnahmen zu beachten. Zu den gesetzlich angesprochenen Maßnahmen zählt somit auch die Umorganisation der kommunalen Daseinsvorsorge in dekonzentrierte Bürgerämter.

Die Mittelstandsförderungsgesetze sehen bestimmte Maßnahmen der Finanzierung, Beratung, Ausbildung, Information, Dokumentation, Forschung und Auf-

---

[227] Bad.-württ. Gesetz v. 16. 12. 1975, GBl. 1975, S. 861; bay. Gesetz v. 8. 10. 1974, BayRS 707-1-w; brandenb. Gesetz v. 8. 5. 1992, GVBl. I 1992, S. 166; hamb. Gesetz v. 2. 3. 1977, GVBl. I 1977, S. 55; hess. Gesetz v. 23. 9. 1974, GVBl. I 1974, S. 458; meckl.-vorp. Gesetz v. 8. 12. 1993, GVBl. 1994, S. 3; nieders. Gesetz v. 30. 4. 1978, GVBl. 1978, S. 377, zuletzt geändert durch G v. 28. 5. 1993, GVBl. 1993, S. 132; rheinl.-pfälz. Gesetz v. 3. 2. 1978, BerS 70-3; saarl. Gesetz v. 21. 7. 1976, Abl. 1976, S. 841; sachsen-anhalt. Gesetz v. 26. 8. 1991, GVBl. 1991, S. 302; schleswig-holst. Gesetz v. 27. 7. 1977, GVBl. 1977, S. 192 und thüring. Gesetz v. 17. 9. 1991, GVBl. 1991, S. 391.

[228] §§ 2 Abs. 1 bad.-württ., brandenb., meckl.-vorp., nieders., rheinland-pfälz., saarl., sachsen-anhalt., schleswig-holst. und thür. MFG sowie Art. 1 Abs. 3 bay. MFG. § 3 hamb. MFG verpflichtet ausdrücklich sogar die Bezirksämter. Nur in Hessen ist eine derartige Vorschrift nicht vorhanden.

[229] Dazu De, Dennis, Bestimmungsgründe für die Zunahme der Mittelstandsförderung als Beispiel für Staatseingriffe, Diss. Köln 1996, S. 9 ff.

[230] So durchwegs § 1 der MFGe.

tragsvergabe zur Förderung des Mittelstandes vor. Die Aufzählung der Förderungsmaßnahmen im Gesetz ist aber laut ausdrücklicher Erklärung im Normtext nicht abschließend. Diese im Gesetz genannten Maßnahmen erfassen das Problem des Wettbewerbs der öffentlichen Hand durch dekonzentrierte Bürgerämter nicht. Es wird lediglich der ähnlich gelagerte Fall der Vergabe größerer Aufträge geregelt, die wegen ihres Auftragsvolumens den Mittelstand ausschließen könnten. Deshalb halten die §§ 18 Abs. 5 bad.-württ., 5 Abs. 1 brandenb., 3 nordrhein-westf., 18 Abs. 1 rheinl.-pfälz., 16 Abs. 6 schleswig-holst., 13 Abs. 5 thüring., 17 Abs. 6 saarl., 17 Abs. 1 sachsen-anhalt. und 6 hess. MFG dazu an, derartige Leistungen möglichst aufzuspalten und an Mittelstandsunternehmen zu vergeben. Die übrigen Gesetze[231] verpflichten die Kommunen, mittelständische Unternehmen daran angemessen zu beteiligen.

b) Desorganisation eines an sich mittelständsfähigen Angebots

Dekonzentrierte Bürgerämter verursachen hingegen gerade in der umgekehrten Fallkonstellation den Ausschluß des Mittelstandes: Nicht große Auftragsvolumina, sondern die Verzettelung eines an sich mittelstandsfähigen Leistungsangebots in Kleinstmengen durch dekonzentrierte, öffentlich-rechtliche Organisationen treibt den Mittelstand aus dem Markt. Dem generellen gesetzlichen Ziel einer Förderung und Erhaltung des Mittelstandes und der Verpflichtung der Kommunen, bei allen Maßnahmen diese Zielsetzungen zu beachten, läuft das zuwider. Die ratio legis der Mittelstandsförderungsgesetze wird so mißachtet, obwohl die Kommunen expressis verbis auf diese Ziele normativ verpflichtet werden. Das errichtet freilich keine absolute Schwelle für die Bildung dekonzentrierter Bürgerämter, verbietet aber regelmäßig die Erbringung wirtschaftlicher Zusatzleistungen. Bei einer Umorganisation hat die Kommune dieses gesetzliche Ziel auch bei der Konzeption des Leistungsangebots zu beachten. Der geringe Vorteil eines zusätzlichen oder einheitlichen Angebots derartiger Leistungen aus kommunaler Hand rechtfertigt die Verdrängung des mittelständischen Konkurrenten mit notwendig zentraler Vertriebsstruktur nicht. Allenfalls in großflächigen Landkreisen ist die Bildung dekonzentrierter Bürgerämter zu legitimieren, ein flächendeckendes Netz mit einer Vielzahl derartiger Amtsstellen aber kaum.

c) Durchsetzungsdefizite der Mittelstandsförderungsgesetze

Verwaltungspraxis und Rechtsprechung haben dem Thema der Mittelstandsförderung bisher nicht genügend Beachtung geschenkt. Es ist das allgemeine Schicksal der Mittelstandsförderungsgesetze, daß sie hohe Ziele für die Wirtschaftsstruk-

---

[231] Art. 12 Abs. 1 bay., §§ 15 Abs. 2 hamb. und meckl.-vorp., 14 Abs. 1 nieders. und 17 Abs. 1 saarl. MFG.

tur eines Bundeslandes enthalten, die in der Praxis oft gar nicht als bindendes Recht wahrgenommen werden. Es wäre an der Zeit, den gesetzlichen Auftrag ernst zu nehmen; er errichtet eine Hürde für Zusatzleistungen dekonzentrierter Bürgerämter.

XI. Die Besteuerung der Bürgerämter

1. Körperschaftsteuer

a) Steuer auf Staatsleistungen zum Konkurrenzschutz

Grundsätzlich unterliegen Leistungen des Staates – auch seiner Kommunen – keiner Steuer, weil eine Besteuerung der öffentlichen Hand einen sinnlosen Geldkreislauf in Gang setzen würde, bei dem die rechte Hand abliefert, was die linke Hand zuvor einnahm. Sobald solche Leistungen aber in Konkurrenz zu privaten Mitbewerbern treten oder treten können, wird eine Steuerbelastung notwendig, um Wettbewerbsgleichheit zwischen kommunalem und privatem Wettbewerber zu gewährleisten[232]. Die Steuergesetze erfassen diesen Tatbestand aktueller oder potentieller[233] Konkurrenz zu privaten Mitbewerbern mit dem Begriff des Betriebs gewerblicher Art. Bei Leistungen von Bürgerämtern kommt vor allem die Körperschaft-, Umsatz- und Gewerbesteuerpflicht in Betracht; andere Steuerlasten – z. B. eine Grundsteuerpflicht – sind von geringer Bedeutung.

b) Betriebe gewerblicher Art

Nach § 1 Abs. 1 Nr. 6 i.V.m. § 4 KStG sind juristische Personen des öffentlichen Rechts[234] mit ihren Betrieben gewerblicher Art steuerpflichtig[235]. Die Kommunen sind als Gebietskörperschaften des öffentlichen Rechts stets rechtsfähig. Ein Betrieb gewerblicher Art ist nach § 4 Abs. 1 KStG eine Einrichtung einer Gebietskörperschaft, die einer nachhaltigen, wirtschaftlichen Tätigkeit zur Erzielung von Einnahmen außerhalb der Land- und Forstwirtschaft dient und die sich innerhalb der gesamten Betätigung der juristischen Personen wirtschaftlich heraushebt, sofern sie nicht überwiegend der Ausübung der öffentlichen Gewalt (= Hoheitsbetrieb) dient. Die Absicht der Gewinnerzielung oder eine Beteiligung am allgemeinen wirtschaftlichen Verkehr sind nicht erforderlich. § 4 Abs. 3 KStG stellt klar, daß zu den Betrieben gewerblicher Art auch Versorgungs-, Verkehrs- oder Hafenbetriebe zählen.

Rechtsprechung und Literatur sind sich mittlerweile darüber einig, daß der Begriff des Betriebs gewerblicher Art keine bestimmte Organisation voraussetzt,

---

[232] BFHE 181, S. 322, 327; BFH, NVwZ-RR 1997, S. 378 f.; FR 1984, S. 427; BStBl. 1967 III, S. 100, 101; Bach, StuW 1994, S. 51, 52 f.

[233] BFH, BStBl. 1988 II, S. 910.

[234] BFH, BStBl. 1974 II, S. 381, 392.

[235] Steuerpflichtig ist die Körperschaft; BFH, FR 1990, S. 284, 286 u. 1985, S. 248.

XI. Die Besteuerung der Bürgerämter

sondern daß dafür innerhalb einer hoheitlichen Organisation abgrenzbare Tätigkeiten oder Funktionen[236] ausreichen[237]. Er erfaßt demnach ebenfalls Zusatzleistungen[238] einer zu anderen Zwecken errichteten Behörde. Die Zusatzleistungen in den Bürgerämtern werden dauernd angeboten und gesondert verbucht, d. h. sie sind in Aufzeichnung und Funktion abgrenzbar. Zu den steuerpflichtigen Leistungen gehören auch öffentlich-rechtliche Leistungen der Daseinsvorsorge, wenn sie in Konkurrenz zu privaten Angeboten treten oder treten können. Ausgeschlossen sind nur Leistungen, die als Hoheitsbetrieb überwiegend zur Ausübung der öffentlichen Gewalt erbracht werden. Über die Elemente der Abgrenzung des Betriebs gewerblicher Art nach § 4 Abs. 1 KStG vom Hoheitsbetrieb nach § 4 Abs. 5 KStG herrscht Streit; Rechtsprechung und Literatur entscheiden aber zunehmend nach dem Kriterium, ob der Staat aufgrund des ihm als Hoheitsträger eigentümlichen Sonderrechts Leistungen erbringt[239]; der verwaltungsrechtliche Begriff der öffentlichen Gewalt ist hierbei nicht von Bedeutung[240]. Die Klassifikation in zivilrechtliche und öffentlich-rechtliche Leistungsverhältnisse ist für eine Steuerpflicht unerheblich, weil sonst die öffentliche Hand durch Umgestaltung der Rechtsbeziehungen über die Steuerbarkeit der Leistungen entscheiden könnte. Die Ausgabe von Personalausweisen und Pässen begründet z. B. einen Hoheitsbetrieb, weil nur der Staat in seiner Eigenschaft als Träger hoheitlicher Gewalt derartige Identifikationspapiere ausgeben kann; die Wohnungsvermittlung könnte hingegen ebenso ein Privater betreiben, obwohl sie bei der Kommune eventuell noch im Dienst der Wohnungspolitik steht. Wenn Leistungen gegen zivilrechtliche Preise oder öffentlich-rechtliche Gebühren abgegeben werden, handelt es sich um entgeltliche Vorgänge. Die öffentlich-rechtliche Klassifikation der Leistung oder der Gegenleistung (als Gebühr) schließt eine Steuerpflicht nicht aus[241]; eine Gewinnerzielungsabsicht ist unerheblich. Da die Leistungen des Bürgeramts nach ihrem Inhalt, dem eingesetzten Personal, dem Verfahren und der Verbuchung abtrennbar sind, heben sie sich innerhalb der Gesamtbetätigung der Gebietskörperschaft wirtschaftlich heraus. Das gilt auch, wenn sie innerhalb der allgemeinen Verwaltungstätigkeit als Begleitleistungen zur hoheitlichen Tätigkeit erbracht werden[242]. Die von den Bürgerämtern erbrachten wettbewerblichen Zusatzleistungen und viele hoheitliche Leistungen der Daseinsvorsorge sind deshalb ohne Rücksicht auf ihre zivil- oder öffentlich-rechtliche Ausgestaltung als Betrieb gewerblicher Art körperschaftsteuerpflichtig.

---

[236] BFHE 120, S. 53, 54 f.; BStBl. 1983 II, S. 491, 494; 1970 II, S. 519 f.

[237] Das Steuerrecht tendiert zum Zweck des Wettbewerbsschutzes zu weitgehender Aufspaltung der Verwaltungseinheiten; Bach, StuW 1994, S. 51, 53.

[238] Nicht jedoch mit einer hoheitlichen Tätigkeit notwendig verbundene Nebenleistungen; BFHE 181, S. 322, 327 f.

[239] BFHE 181, S. 322, 324; 161, S. 46; 120, S. 53, 55; 105, S. 27; BStBl. 1983 II, S. 491, 492.

[240] BFHE 120, S. 53, 55.

[241] BFHE 181, S. 322, 324 m.w.Nachw.

[242] KStR Abschnitt 5 Abs. 2 S. 4 f.

c) Formelle Steuerpflichten und materielle Steuerlasten

Die Körperschaftsteuer führt nicht nur zur materiellen Steuerlast, sondern auch zu Pflichten hinsichtlich der Veranlagung, Buchführung und Bilanzerstellung sowie bei der Zuordnung der benutzten Wirtschaftsgüter zu den einzelnen Leistungen. Der Verwaltungsaufwand dafür kann sehr erheblich werden, weil Kommunen meist noch kameralistisch statt betriebswirtschaftlich haushalten. Über die Körperschaftsteuer fließen letztlich kommunale Haushaltsmittel an den staatlichen Fiskus ab. Der Organisationsaufwand im Bürgeramt wächst, weil jede einzelne, sachlich abgrenzbare Tätigkeit als Betrieb gewerblicher Art gilt[243] und die körperschaftsteuerlichen Pflichten für jeden einzelnen Betrieb gesondert zu erfüllen sind[244]. Der Organisationsaufwand steigt noch weiter, wenn man statt eines einzigen, aufgabenkonzentrierten Bürgeramts eine Dekonzentration in der Fläche durch Einrichtung mehrerer Bürgerämter verfolgt, denn dann muß nicht nur einmal für jede Leistungsart, sondern zusätzlich für jede Leistungsart in jedem Bürgeramt gebucht und bilanziert werden.

Abhilfe hinsichtlich der materiellen Steuerlast kann eine Zusammenfassung mehrerer Betriebe zu einem einzigen Betrieb gewerblicher Art schaffen. Sie ist aber nur bei einer engen, wechselseitigen, technisch-wirtschaftlichen Verflechtung zulässig[245]. Eine Verknüpfung aller Leistungen eines Bürgeramtes mit dem generellen Hinweis auf die Gemeinsamkeit in der Abnehmerstufe reicht nicht aus; nur wo für die jeweiligen Leistungen gemeinsame Betriebsmittel vorgesehen sind, funktional aufeinander abgestimmte Betriebsvorgänge eingerichtet wurden oder ein Personalaustausch stattfindet, gestattet die Rechtsprechung eine Zusammenfassung mehrerer Betriebe[246]. Das erleichtert zwar nicht den Buchführungs- und Verwaltungsaufwand, weil er auch in diesem Fall für jeden einzelnen Betrieb zu erfüllen ist[247], kann jedoch zum Gewinn- und Verlustausgleich zwischen mehreren Betrieben und so zur Minderung der Körperschaftsteuerschuld führen. Eine Zusammenfassung allein zum Zweck der Steuerersparnis ist jedoch unzulässig; ebenso ist eine Zusammenfassung von Hoheitsbetrieben und Betrieben gewerblicher Art nicht gestattet. Vor allem die Errichtung mehrerer Bürgerämter in einer Stadt wird demnach die steuerlichen Verpflichtungen erhöhen und komplizieren. Das schlägt bei den Organisationserwägungen zu Buche.

---

[243] BFH, BStBl. 1990 II, S. 242.
[244] BFH, BStBl. 1974 II, S. 391, 393; BFHE 120, S. 53, 54.
[245] Vgl. dazu BFH, FR 1990, S. 284, 286; BStBl. 1967 III, S. 241, 242.
[246] BFHE 89, S. 25; Glanegger, Peter / Güroff, Georg, GewStG, 3. Aufl. 1994, Anm. 30 zu § 2.
[247] BFH, BStBl. 1974 II, S. 391, 393.

XI. Die Besteuerung der Bürgerämter

2. Umsatzsteuer

a) Umsatzsteuerpflicht und Aufzeichnungsaufwand

Die Umsatzsteuerpflicht erfaßt nach § 2 Abs. 3 S. 1 UStG alle Betriebe gewerblicher Art i. S. d. Körperschaftsteuergesetzes. Bezüglich der zur Körperschaftsteuer genannten Leistungen kommt es deshalb in Bürgerämtern regelmäßig ebenfalls zur Umsatzsteuerpflicht. Das erzeugt wieder grundsätzlich für jede einzelne Leistung Veranlagungs- und Aufzeichnungspflichten nach §§ 22 UStG und 63 ff. UStDV. Der Verwaltungsaufwand fällt gegenüber der Körperschaftsteuer zwar geringer aus, bleibt aber dennoch erheblich.

b) Zahllast und Vorsteuerabzug

Die ökonomische Belastung mit Steuerlast folgt im Umsatzsteuerrecht allerdings anderen Regeln: Während die Körperschaftsteuer eine endgültige Belastung und einen abschließenden Abfluß von Haushaltsmitteln bewirkt, sieht § 15 UStG bei umsatzsteuerpflichtigen Leistungen einen Vorsteuerabzug für die von der Kommune zur Ausführung dieser Umsätze gemachten Lieferungen und Leistungen vor. Dieser Vorsteuerabzug mindert die endgültige Zahllast der Kommune, vor allem bei geringer Wertschöpfung in der Kommune und teuren Vorlieferungen oder -leistungen. Hinsichtlich der realen Steuerlast sollten die Kommunen sich vor Einrichtung eines Bürgeramtes über die umsatzsteuerlichen Folgen jeder einzelnen Leistung nach Art und Volumen Rechenschaft geben, um den finanziellen Erfolg im Umsatzsteuerbereich beurteilen zu können.

c) Rückfluß des USt-Aufkommens an die Gemeinden

Ab 1. Januar 1998 erhalten die Gemeinden nach Art. 106 Abs. 5 a GG einen Anteil an der Umsatzsteuer; er beträgt gemäß § 1 Abs. 1 FAG[248] für alle Gemeinden 2,2% des Gesamtaufkommens an der Umsatzsteuer. Er fließt nach einem komplizierten Schlüsselsystem[249] aus Steuerkraft und Anzahl der Beschäftigten in der freien Wirtschaft an die Gemeinde zurück. In die umsatzsteuerlichen Überlegungen für die Leistungen des Bürgeramts ist dieser Rückfluß einzubeziehen[250].

---

[248] Vom 23. 6. 1993, zuletzt geändert durch Gesetz v. 29. 10. 1997, BGBl. I, S. 2590.
[249] §§ 5 a ff. Gemeindefinanzreformgesetz = GFRG; i.d.F.d. Bkm. v. 6. 2. 1995, BGBl. I, S. 189, zuletzt geändert durch Gesetz v. 29. 10. 1997, BGBl. I S. 2590.
[250] Die Landkreise sind daran nicht beteiligt; in den Stadtstaaten steht dieser Anteil dem Land zu (§ 7 GFRG).

3. Gewerbesteuer

a) Gewerbesteuerpflicht bei Gewinnerzielung am Markt

Nach den §§ 2 Abs. 1 GewStG i.V.m. 2 Abs. 1 GewStDV und 15 Abs. 2 EStG können Zusatzleistungen der Bürgerämter auch der Gewerbesteuer unterfallen. Aufgrund der Verweisung auf das EStG entsteht die Steuerpflicht im Gegensatz zur Körperschaft- und Umsatzsteuer nur bei Leistungen mit Gewinnerzielungsabsicht und unter Beteiligung am allgemeinen wirtschaftlichen Verkehr[251]; das reine Erzielen von kostendeckenden Entgelten führt also noch nicht zur Gewerbesteuerpflicht. Eine Beteiligung am allgemeinen wirtschaftlichen Verkehr liegt vor, weil Bürgerämter sich gerade an den Bürger als „Kunden" wenden. Gewinnaufschläge führen dann endgültig in die Steuerpflicht; bei wettbewerblichen Zusatzleistungen sind sie zum Schutz des privaten Konkurrenten sogar rechtlich notwendig.

b) Formelle Steuerpflichten, materielle Steuerlasten und Aufkommensrückfluß

Sofern Leistungen mit Gewinnerzielungsabsicht erbracht werden, entsteht wieder Veranlagungs-, Buchführungs- und Bilanzierungsaufwand. Da jedes sachlich selbständige Amt einen Betrieb gewerblicher Art bildet[252], führt die Dekonzentration in der Fläche zu erhöhtem Verwaltungsaufwand, obwohl die Kommune insgesamt nur ein Unternehmen i. S. d. UStG hat, das alle Betriebe gewerblicher Art umfaßt[253]. Die Steuerlast bewirkt einen echten Abfluß kommunaler Haushaltsmittel. Für die endgültige, materielle Gewerbesteuerlast ist jedoch zu berücksichtigen, daß die Gewerbesteuer nach Art. 106 Abs. 6 S. 1 und 2 GG grundsätzlich den Gemeinden zusteht. Gemeindliche Bürgerämter im Gegensatz zu den Bürgerämtern der Kreise erbringen damit eine Steuerlast, die ihnen teilweise wieder zugute kommt. In Stadtstaaten wird nach Art. 106 Abs. 6 S. 3 GG das Aufkommen der Gewerbesteuer dem Land zugewiesen. Art. 106 Abs. 6 S. 4 GG erlaubt jedoch eine Gewerbesteuerumlage, die einen Teilbetrag des Aufkommens an Bund und Länder weiterleitet[254]. Der Umlageanteil fließt endgültig an den Staat und muß in die Wirtschaftlichkeitsüberlegungen einbezogen werden. Ferner macht das Landesrecht regelmäßig von der Befugnis des Art. 106 Abs. 6 S. 6 GG Gebrauch, im kommunalen Finanzausgleich das Grundsteueraufkommen zwischen den Kommunen nach Finanzkraftmaßstäben umzuverteilen. Auch diese Transfers sind bei der notwendigen Gesamtbetrachtung zu berücksichtigen.

---

[251] BFHE 141, S. 152.
[252] Glanegger / Güroff, a. a. O., Anm. 166 zu § 2.
[253] BFH, INF 1988, S. III.
[254] Vgl. dazu § 6 GFG und § 3 FAG.

4. Grundsteuer

Bei der Grundsteuer gilt ähnliches. Sie wird für die Grundstücke der Bürgerämter erhoben, soweit sie nicht hoheitliche Tätigkeiten ausführen, sondern – insbesondere – als Betriebe gewerblicher Art tätig werden[255]. Zumindest die Zusatzleistungen im Wettbewerb führen somit in die Grundsteuerpflicht mit materiellen und verfahrensrechtlichen Pflichten. Sie steht den Gemeinden – allerdings ohne die Möglichkeit einer Umlagebeteiligung von Bund und Ländern – zu[256].

Die geraffte Darstellung der Steuerpflicht der Betriebe gewerblicher Art belegt, daß die Einrichtung von Bürgerämtern – vor allem mit dem Ziel der Dekonzentration in der Fläche – etliche steuerliche Fragen aufwirft, die hinsichtlich des Verwaltungsaufwandes und der materiellen Steuerlast zu berücksichtigen sind. Sie sind auch unter dem Gesichtspunkt der Wirtschaftlichkeit und Sparsamkeit kommunaler Organisation und Leistungserbringung einzubeziehen.

---

[255] §§ 1 Abs. 1, 2 Abs. 1 Nr. 1, Abs. 2 und 3 GrStG.
[256] Art. 106 Abs. 6 GG.

Ergebnis der Untersuchung zur Zulässigkeit kommunaler Bürgerämter

1. Bürgerämter können zwei unterschiedlichen Zielen dienen: der Konzentration bisher den Fachbehörden zugewiesener Aufgaben auf ein Bürgeramt der Kommune (= Konzentration der Aufgaben) und der räumlichen Verteilung dieses Leistungsangebots der Verwaltung auf mehrere Ämter (= Dekonzentration in der Fläche). Die Konzentration der Aufgaben führt zu einem einzigen Bürgeramt, die Dekonzentration in der Fläche zu mehreren, parallel zuständigen Bürgerämtern in einer Kommune.

2. Das Konzept der Konzentration der Aufgaben auf ein Bürgeramt verspricht Vorteile für Kommune, Mitarbeiter und Nutzer, obwohl es etliche ungelöste Rechtsfragen aufwirft (Änderung in der Verwaltungssteuerung, Doppelkompetenzen, Rechtmäßigkeit der Verwaltungsprodukte, Wissenskonzentration in einer Person, Wirtschaftlichkeitsgrundsatz, Personalvertretungsrecht). Das Konzept der Dekonzentration in der Fläche bringt primär Nachteile; ihm stellen sich kaum überwindbare Rechtsbarrieren entgegen (Datenschutz, v. a. bei auotmatisiertem Datenabruf; sachliche Rechtfertigung der Verwaltungsorganisation; Desorganisation des Marktes trotz Mittelstandsförderungsgesetzen und Kartellrecht).

3. Die grundsätzliche Befugnis der Kommunen zur Bildung von Bürgerämtern ergibt sich aus ihrer Organisationshoheit. Sie wird in Art. 28 Abs. 2 GG und in den entsprechenden Vorschriften der Landesverfassungen gewährleistet; Vorschriften über Bezirks- und Ortschaftsverwaltung oder Außenstellen detaillieren die Befugnis einfachgesetzlich. Ein institutioneller Gesetzesvorbehalt besteht für die Errichtung von Bürgerämtern mit Ausnahme der Stadtstaaten nicht.

4. Die Organkompetenz zur Bildung von Bürgerämtern ist in den Ländern unterschiedlich geordnet, Einzelheiten sind oft noch rechtlich ungeklärt; hier liegt ein rechtliches Risikopotential für die Umorganisation. Meist steht die Grundsatzentscheidung, die fachbehördlichen Aufgaben im Bürgeramt zu konzentrieren, der Gemeindevertretung zu; die konkrete Errichtung fällt dann in die Zuständigkeit des Gemeindevorstehers. Über die Richtlinien für die Verwaltung und über die Haushaltssatzung gewinnt die Gemeindevertretung zusätzliche Einflußmöglichkeiten. In den Landkreisen besitzt der Hauptverwaltungsbeamte (Landrat, Oberkreisdirektor) in der Regel eine stärkere Organisationsgewalt: er kann Bürgerämter errichten, sofern nicht Kreistag oder -ausschuß Beteiligungs- oder Zugriffsrechte haben.

5. Die Umstellung von Fachbehörden auf ein Bürgeramt hat sich sachlich zu rechtfertigen. In einfachen Massenverfahren, die mündlich ohne besondere Sachverhaltsermittlungen oder Beteiligung Dritter über den Schalter abgewickelt werden können, bietet ein Bürgeramt für den Benutzer Vorteile, in anderen Aufgabenbereichen ist es ungeeignet. Es sollten grundsätzlich Aufgabenbereiche geschlossen an ein Bürgeramt abgegeben werden; ihre Aufspaltung in Bürger- und Fachamtszuständigkeiten sollte vermieden werden. Die Motivation der Mitarbeiter wird steigen; der Schulungsbedarf wird sich aber wegen ihrer umfassenden Zuständigkeit in gleichem Maß erhöhen. Es besteht die Gefahr der Überforderung der Mitarbeiter und zugleich eines Verlustes an fachlichem und rechtlichem Niveau der Aufgabenerfüllung. Die interne Steuerung der Verwaltung wird bei Bürgerämtern aufwendiger.

6. Ein Bedarf an Bürgerämtern wird politisch oft behauptet, ist jedoch empirisch nicht nachgewiesen; Vorteile sind für den Privaten erst zu erwarten, wenn er mehrere Verwaltungsangelegenheiten in einem einzigen Behördengang erledigen will. Seine Alltagsinteressen richten sich auch auf längere Öffnungszeiten, das Angebot telefonischer Beratung, elektronische Information über Verwaltungsfragen und auf den Fernabruf bürgerverständlicher Formulare.

7. Die Bildung von mehreren dekonzentrierten Bürgerämtern wurde früher als unökonomisch angesehen; die Kommunalreformen strebten größere, zentrale und spezialisierte Verwaltungsstellen an. Die plötzliche Kehrtwendung konterkariert diese vormaligen Zielsetzungen, ohne sich sachlich damit auseinanderzusetzen. Zudem erfordern parallele Bürgerämter einen großen Vernetzungsaufwand untereinander und zu ihren Fachbehörden und das Vorhalten größerer Kapazität. Die Einrichtung zahlreicher Bürgerämter in einer Kommune ist oft sachlich nicht gerechtfertigt.

8. Die Einrichtung paralleler Bürgerämter (Dekonzentration in der Fläche) soll Bürgernähe verwirklichen. Während aber mit diesem Schlagwort früher demokratische Partizipation des Bürgers an den Kommunalangelegenheiten verbunden wurde, wird sie heute als Ortsnähe mißverstanden, obwohl örtlichem Gewerbe und Einwohnern weniger an kurzen Entfernungen als an kompetenter Entscheidung aus einer Hand im persönlichen Gespräch liegt.

9. Die EDV-Vernetzung zwischen den Arbeitsplätzen im Bürgeramt, zwischen parallel zuständigen Bürgerämtern und zwischen Fach- und Bürgerämtern berührt Rechte zum Schutze personenbezogener Daten und sonstiger Geheimnisse. Bereits die technische Möglichkeit automatisierten Datenzugriffs kann den Geheimnisschutz dem Interesse eines Dritten ausliefern; sie muß vor § 10 DatenschutzG besonders gerechtfertigt oder zugelassen werden. Zusätzlich sind die Regeln des Daten- und Geheimnisschutzes beim jeweiligen konkreten Abruf zu beachten.

10. Befangenheitsprobleme durch das Wissen eines Mitarbeiters aus früheren Verwaltungsverfahren treten kaum auf. Rechtliche Schwierigkeiten infolge der

Einrichtung der Bürgerämter als Großraumbüro sind baulich leicht zu vermeiden.

11. Die Aufgabenkonzentration in einer Hand führt zu umfassendem Wissen der Bediensteten über die gesamten Rechtsbeziehungen eines Einwohners zu seiner Kommune; der allzuständige Amtswalter steht einem „gläsernen Bürger" gegenüber. Die Rechtsvorschriften zum Amtsgeheimnis sollen dies verhindern, setzen aber unausgesprochen ein System getrennter Fachbehörden voraus. Ihr Normziel ist nur zu erreichen, wenn man im Bürgeramt die einzelnen Aufgabenbereiche wieder auf die einzelnen Mitarbeiter verteilt und auch intern eine Weitergabe von Informationen über ein Verwaltungsverfahren für ein anderes unterbindet. Dasselbe fordern die Vorschriften, die ausdrücklich eine Weitergabe oder Verwertung von amtlichen Daten zu anderen als ihrem ursprünglichen Erhebungszweck untersagen.

12. Die Grundsätze der Wirtschaftlichkeit und Sparsamkeit sind für Kommunen rechtlich verbindlich. Bürgerämter sind wegen des erhöhten Sicherungs- und Abstimmungsaufwands zur Gewährleistung rechtmäßigen, einheitlichen Handelns der Kommunen, wegen der Einführung eines Verbundes von nach außen tätigen Bürgerämtern und dahinter verwaltenden Fachbehörden sowie wegen des größeren Aufwandes an Personal- und Sachmitteln in der Regel teurer als die herkömmliche fachbehördliche Organisation. Auffällig ist vor allem, daß die früher vorherrschende Ansicht von der fehlenden Wirtschaftlichkeit ähnlicher Einrichtungen ohne Sachverhaltsänderung und ohne neue Rechtfertigung plötzlich ins Gegenteil umgeschlagen ist. Es sollte deshalb im Einzelfall geprüft werden, ob der praktische Nutzen eines aufgabenkonzentrierten Bürgeramtes den Nachteil im Aufwand tatsächlich aufwiegt. Gesteigerte Zweifel begegnen der Einrichtung paralleler Bürgerämter in einer Kommune.

13. Die Umorganisation einer Kommunalverwaltung von der Fach- zur Bürgeramtsstruktur – vor allem in der Form der Dekonzentration in der Fläche – kann bei Angestellten zu Änderungen des vertraglich zugesagten Arbeitsplatzes, bei Beamten (in geringerem Ausmaß) zu Änderungen des Amtes führen; sie ist nur mit ihrer Zustimmung zulässig.

14. Die Bildung von Bürgerämtern bedarf regelmäßig der (vollen) Mitbestimmung des Personalrates. Es entsteht zwar keine neue, selbständige Dienststelle; die Mitarbeiter des Bürgeramtes können jedoch auf eigene Initiative jeweils einen besonderen Personalrat für ihr Amt bilden.

15. Die deutsche Rechtsordnung gewährt keinen Vertrauensschutz auf Beibehaltung der bisherigen Fachamtsstruktur.

16. Erwerbswirtschaftliche Zusatzleistungen der Bürgerämter im Wettbewerb mit Konkurrenten sind nur bei sachlicher Legitimation gestattet. Die kommunalrechtlichen Vorschriften über die wirtschaftliche Betätigung verlangen ausdrücklich die Rechtfertigung durch einen öffentlichen Zweck; die reine Ge-

winnerzielungsabsicht, die räumliche und zeitliche Nähe einer „Zusatz"-Leistung zur hoheitlichen Aufgabe oder der generelle Wunsch, alles aus „einer Hand" anzubieten, bilden keinen öffentlichen Zweck; er liegt erst dann vor, wenn die Zusatzleistung den hoheitlichen Zweck unmittelbar fördert. Teilweise stehen Zusatzleistungen gesetzlich noch unter dem Vorbehalt der Subsidiarität zum Angebot privater Unternehmen; das schließt eine kommunale Marktbeteiligung bereits bei Vorhandensein privater Anbieter aus. Dagegen dürften sich Zusatzleistungen in der Regel im Rahmen der Leistungsfähigkeit der Kommune halten.

17. Bei erwerbswirtschaftlicher Tätigkeit mehrerer Bürgerämter in einer Kommune zur Dekonzentration in der Fläche wird ein zur Erfüllung hoheitlicher Aufgaben konzipiertes, mit öffentlichen Mitteln finanziertes, aus mehreren Filialen bestehendes Vertriebsnetz im Wettbewerb eingesetzt, das ein privater Konkurrent aus Marktgründen nicht unterhalten kann. §§ 26 Abs. 2 i.V.m. 22 Abs. 1 GWB und 1 UWG stehen dem meist entgegen. Die Rechtsprechung hat die Besonderheit dieser Desorganisation des Marktes durch Dekonzentration in viele Bürgerämter einer Kommune bisher noch nicht erkannt und verharrt immer noch beim klassischen, bereits gelösten Problem, ob eine Kommune überhaupt im Wettbewerb tätig werden darf.

18. Die Mittelstandsförderungsgesetze der Länder verpflichten die Kommunen, bei Organisationsmaßnahmen kleine und mittlere Unternehmen sowie Freie Berufe zu erhalten und zu kräftigen, vor allem ihnen den Zugang zum Markt offenzuhalten. Die Dekonzentration der erwerbswirtschaftlichen Zusatzleistungen in parallelen Bürgerämtern desorganisiert an sich mittelstandsfähige Angebote; damit unterläuft sie das Ziel der Gesetze zur Förderung des Mittelstandes.

19. Erwerbswirtschaftliche Zusatzleistungen und entgeltliche Wettbewerbsleistungen in der Daseinsvorsorge unterliegen als Betrieb gewerblicher Art der Körperschaft-, Umsatz- und Gewerbesteuer. Die Steuerpflicht geht nicht unter, wenn die Zusatzleistungen im Gefolge hoheitlicher Leistungen erbracht werden. Die Aufgliederung in parallele Bürgerämter führt steuerlich zu erheblichem Veranlagungs-, Buchführungs- und Zuordnungsaufwand. Eine Zusammenfassung gleichartiger Leistungen zu einem einheitlichen Betrieb gewerblicher Art ist bei enger, wechselseitiger, technisch-wirtschaftlicher Verflechtung möglich; nicht schon die bloße Verknüpfung auf der Absatzstufe im Bürgeramt, sondern erst gemeinsame Betriebsmittel und funktional aufeinander abgestimmte Betriebsvorgänge reichen dafür aus. Eine Bündelung verschiedenartiger Leistungen zur Erzielung eines Gewinn- und Verlustausgleichs ist nicht gestattet.

Literaturverzeichnis

A. Kommentare / Lehrbücher / Monographien

Achterberg, Norbert / *Püttner,* Günter: Besonderes Verwaltungsrecht, Band II, 1992

Auernhammer, Herbert: Bundesdatenschutzgesetz (BDSG), 3. Aufl. 1993

Bergmann, Lutz / *Möhrle,* Roland / *Herb,* Armin: Datenschutzrecht, Loseblattsammlung

Böckenförde, Wolfgang: Die Organisationsgewalt im Bereich der Regierung, 1964

De, Dennis: Bestimmungsgründe für die Zunahme der Mittelstandsförderung als Beispiel für Staatseingriffe, Diss. Köln 1996

Ebel, Hans-Rudolf: Kartellrecht: GWB u. EWG-Vertrag, Loseblattsammlung, Stand September 1997

Engelhardt, Gunther / *Brockmann,* Gerd / *Rosenfeld,* Martin / *Thiede,* Wolfgang: Finanzwirtschaftliche Folgen kommunaler Gebiets- und Funktionalreformen, 1986

Gern, Alfons: Sächsisches Kommunalrecht, 1994

Glanegger, Peter / *Güroff,* Georg: Gewerbesteuergesetz, 3. Aufl. 1994

Gola, Peter / *Schomerus,* Rudolf: Bundesdatenschutzgesetz (BDSG), 6. Aufl. 1997

Grabendorff, Walter / *Windscheid,* Clemens / *Ilbertz,* Wilhelm / *Widmaier,* Ulrich: Bundespersonalvertretungsgesetz (BPersVG), 7. Aufl. 1991

Henke: Der Kreis, Band 4a, 1986

John, Monika: Verwaltungsorganisation im Reformprozeß, 1998

Klein, Franz (Hrsg.): Öffentliches Finanzrecht, 2. Aufl. 1993, S. 131 ff.

Köhler, Helmut / *Piper,* Henning: Gesetz gegen den unlauteren Wettbewerb (UWG), 1995

Langen, Eugen / *Bunte,* Hermann-Josef: Kommentar zum deutschen und europäischen Kartellrecht, 7. Aufl. 1994

Lerche, Peter / *Pestalozza,* Christian Graf von: Die Deutsche Bundespost als Wettbewerber, 1985

Lissack, Gernot: Bayerisches Kommunalrecht, 1997

Mutius, Albert von: Kommunalrecht, 1996

Pagenkopf, Hans: Kommunalrecht, Band 1, 2. Aufl. 1975

Püttner, Günter (Hrsg.): Handbuch der kommunalen Wissenschaft und Praxis (HBdkWP), Band 3, 2. Aufl. 1983

Schmidt-Jortzig, Edzard: Kommunalrecht, 1982

Seele, Günter: Der Kreis, Band 3, 1985

Simitis, Spiros / *Dammann,* Ulrich / *Geiger,* Hansjörg / *Mallmann,* Otto / *Walz,* Stefan: Kommentar zum Bundesdatenschutzgesetz, Loseblattsammlung, Stand Juli 1997

Stadt Heidelberg: Bürgeramt-Fünfjahresbericht 1992 - 1996

Städtetag Baden-Württemberg: Geschäftsprozeßoptimierung im Bürgeramt, Juli 1997

Steiner, Udo (Hrsg.): Besonderes Verwaltungsrecht, 5. Aufl. 1995

Stelkens, Paul / *Bonk,* Heinz Joachim / *Sachs,* Michael: Verwaltungsverfahrensgesetz, 5. Aufl. 1998

Stern, Klaus: Das Staatsrecht der Bundesrepublik Deutschland, Band I, 2. Aufl. 1994

- Das Staatsrecht der Bundesrepublik Deutschland, Band II, 1990

Stober, Rolf: Kommunalrecht in der Bundesrepublik Deutschland, 3. Aufl. 1996

- Wirtschaftsverwaltungsrecht, 10. Aufl. 1996

Trumpp, Eberhard / *Pokrop,* Rainer: Landkreisordnung für Baden-Württemberg, 2. Aufl. 1994

Waechter, Kay: Kommunalrecht, 1993

Winkler: Der Kreis, Band 4a, 1986

Wolff, Hans J. / *Bachof,* Otto / *Stober,* Rolf: Verwaltungsrecht II, 5. Aufl. 1987

B. Aufsätze

Altvater, Lothar: In Günter Püttner (Hrsg.), Handbuch der kommunalen Wissenschaft und Praxis (HBdkWP), Band 3, 2. Aufl. 1983, S. 282 ff.

Bach, Stefan: Umsatzsteuerliche Konsequenzen in der privaten Bereitstellung öffentlicher Leistungen im Bereich hoheitlicher Aufgaben, in: StuW 1994, S. 51 ff.

Beckmann, Elke: Das Sozialamt im Spannungsfeld von Verbrechensbekämpfung und Datenschutz, in: ZFIS 1997, S. 73 ff.

Disarß, Ulf-Christian: § 31a AO – Möglichkeit der Finanzverwaltung zur Offenbarung von Tatsachen bei einem Mißbrauch staatlicher Leistungen, in: DStR 1997, S. 1753 ff.

Erichsen, Hans-Uwe / *Knoke,* Ulrich: Organisation bundesunmittelbarer Körperschaften durch die Länder?, in: DÖV 1985, S. 53 ff.

Frenz, Walter: Der Schutz der kommunalen Organisationshoheit, in: VerwArch. 86 (1995), S. 378 ff.

Grawert, Rolf: Gemeinde und Kreise vor den öffentlichen Aufgaben der Gegenwart, in: VVDStRL 36, S. 277 ff.

Grupp, Klaus: In Norbert Achterberg / Günter Püttner, Besonderes Verwaltungsrecht, Band II, 1992, S. 141 ff.

- Wirtschaftliche Betätigung der öffentlichen Hand unter dem Grundgesetz, in: ZHR 140 (1976), S. 367 ff.

Köstering, Heinz: Bilanz der Funktionalreform in Nordrhein-Westfalen, in: DÖV 1985, S. 845 ff.

Laux, Eberhard: Über kommunale Organisationsploitik, in: AfK 1995, S. 229 ff.

Mäding, Erhard: Verwaltungskraft, in: DÖV 1967, S. 325 ff.

Mutius, Albert von: Die Steuerung des Verwaltungshandelns durch Haushaltsrecht und Haushaltskontrolle, in: VVDStRL 42, S. 147 ff.

Nordemann, Jan Bernd: Wettbewerbsverzerrung durch die öffentliche Hand: Die Entdeckung des Kartellrechts, in: WRP 1996, S. 383 ff.

Ossenbühl, Fritz: Die Erfüllung von Verwaltungsaufgaben durch Private, in: VVDStRL 29, S. 137 ff.

Otting, Olaf: Öffentlicher Zweck, Finanzhoheit und fairer Wettbewerb – Spielräume kommunaler Erwerbswirtschaft, in: DVBl 1997, S. 1258 ff.

Schink, Alexander: Zentralisierung kommunaler Aufgaben nach der Gebiets- und Funktionalreform, in: DVBl 1983, S. 1165 ff.

Schliesky, Utz: Mehr Wirtschaftlichkeit durch ein zusätzliches Verwaltungsverfahren?, in: DÖV 1996, S. 109 ff.

Schmidt-Eichstaedt, Gerd: Die Machtverteilung zwischen der Gemeindevertretung und dem Hauptverwaltungsbeamten im Vergleich der deutschen Kommunalverfassungssysteme, in: AfK 1985, S. 20 ff.

– Gemeindeverwaltungsreform und Kreisgebietsreform in den neuen Bundesländern, in: AfK 1992, S. 1 ff.

Seele, Günter: In Günter Püttner (Hrsg.), Handbuch der kommunalen Wissenschaft und Praxis (HBdkWP), Band 2, 2. Aufl. 1982, S. 343 ff.

– In Günter Püttner (Hrsg.), Handbuch der kommunalen Wissenschaft und Praxis (HBdkWP), Band 3, 2. Aufl. 1983, S. 69 ff.

Seewald, Otfried: In Udo Steiner (Hrsg.), Besonderes Verwaltungsrecht, 5. Aufl. 1995

Siedentopf, Heinrich: Die Kreise vor einem neuen Leistungs- und Gestaltungsauftrag?, in: DVBl. 1975, S. 13 ff.

Vogt, Gerhard: In Franz Klein (Hrsg.), Öffentliches Finanzrecht, 2. Aufl. 1993, S. 131 ff.

Wagener, Frido: Gebietsreform und kommunale Selbstverwaltung, in: DÖV 1983, S. 745 ff.

Printed by Libri Plureos GmbH
in Hamburg, Germany